湖南省哲学社会科学规划基金（15YBA026）项目成果

基于教学语法观的
日语复合格助词研究

谢冬 著

武汉大学出版社

图书在版编目(CIP)数据

基于教学语法观的日语复合格助词研究/谢冬著. —武汉:武汉大学出版社,2017.9
ISBN 978-7-307-19755-8

Ⅰ.基… Ⅱ.谢… Ⅲ.日语—助词—教学研究 Ⅳ.H369.35

中国版本图书馆 CIP 数据核字(2017)第 247912 号

责任编辑:叶玲利　　责任校对:汪欣怡　　版式设计:汪冰滢

出版发行:武汉大学出版社　(430072　武昌　珞珈山)
（电子邮件:cbs22@whu.edu.cn　网址:www.wdp.com.cn）
印刷:虎彩印艺股份有限公司
开本:880×1230　1/32　印张:6.125　字数:165 千字　插页:1
版次:2017 年 9 月第 1 版　　2017 年 9 月第 1 次印刷
ISBN 978-7-307-19755-8　　定价:29.00 元

版权所有,不得翻印;凡购买我社的图书,如有质量问题,请与当地图书销售部门联系调换

目　　次

第一章　序論 ………………………………………………… 1
　1. 研究の目的と意義 ………………………………………… 1
　2. 考察対象 …………………………………………………… 5
　3. 研究方法と資料 …………………………………………… 10
　4. 本書の構成 ………………………………………………… 13

第二章　日本語教育文法と複合格助詞研究 ……………… 16
　1. 日本語教育文法の概観 …………………………………… 16
　2. 日本語における複合格助詞研究 ………………………… 25
　3. 日本語教育文法の観点からみる複合格助詞研究 ……… 30

第三章　教材の第二言語習得における役割
　　　　―翻訳調査からみる中国語の介詞"対"及びその関連形式
　　　　と対応する日本語の複合格助詞― ………………… 33
　0. はじめに …………………………………………………… 33
　1. 先行研究 …………………………………………………… 35
　2. 調査方法 …………………………………………………… 37
　3. 調査結果 …………………………………………………… 40
　4. 考察 ………………………………………………………… 43
　5. まとめ ……………………………………………………… 48

目　次

第四章　中国語を母語とする日本語学習者向けの「にとって」
　　　　に関する教材開発 ………………………………… 50
　　0.はじめに ……………………………………………… 50
　　1.コーパス調査 ………………………………………… 52
　　2.教材における「にとって」の扱われ方とその問題点 ……… 54
　　3.「にとって」の指導上必要な項目 …………………… 56
　　4.教材における「にとって」の扱い方に関する提案 ……… 68

第五章　中国語を母語とする日本語学習者向けの「として(は)」
　　　　に関する教材開発 ………………………………… 70
　　0.はじめに ……………………………………………… 70
　　1.コーパス調査 ………………………………………… 72
　　2.教材における「として」の扱われ方とその問題点 ……… 77
　　3.「として」、「としては」の指導上必要な項目 …………… 81
　　4.教材における「として」、「としては」の扱い方に関する
　　　提案 ………………………………………………… 103

第六章　中国語を母語とする日本語学習者向けの「について
　　　　(は)」に関する教材開発 ………………………… 106
　　0.はじめに ……………………………………………… 106
　　1.「について」と「については」を分ける基準 …………… 109
　　2.コーパス調査 ………………………………………… 114
　　3.教材における「について」の扱われ方とその問題点 …… 116
　　4.「について」、「については」の指導上必要な項目 …… 118
　　5.教材における「について」、「については」の扱い方に関
　　　する提案 …………………………………………… 129

第七章　中国語を母語とする日本語学習者向けの「に対して」
　　　　に関する教材開発
　　　　　―「対象」を表す用法を中心に― ……………… 132
　　0.はじめに ……………………………………………… 132
　　1.コーパス調査 ………………………………………… 134
　　2.教材における「に対して」の扱われ方とその問題点……… 138
　　3.「に対して」の指導上必要な項目 ………………… 143
　　4.教材における「に対して」の扱い方に関する提案……… 153

第八章　結論 ……………………………………………… 154
　　1.本書のまとめ ………………………………………… 154
　　2.今後の課題 …………………………………………… 158

参考文献 …………………………………………………… 160

付録1　「にとって」、「として(は)」、「について(は)」、「に対して」
　　　　の文法ハンドブック ……………………………… 166

付録2　「にとって」、「として(は)」、「について(は)」、「に対して」
　　　　的語法手冊 ………………………………………… 179

謝辞 ………………………………………………………… 191

第一章

序　論

1. 研究の目的と意義

　「について」、「によって」などの形式は「が・を・に・へ・と」などの格助詞の代わりに名詞句と述語との関係を表すように、格助詞相当の役割を果しているため、複合格助詞と呼ばれている(庵他2001)。これらの複合格助詞はフォーマルな文体やより複雑な構造を持つ文に使われることが多く、教科書では初中級レベルの文法項目として導入されるのが一般的である。
　複合格助詞が用いられる理由として、庵他(2001：14)では「多様な意味を持つ格の意味をよりはっきりさせるためや、格助詞では言い表せない(言い表しにくい)意味を表すため」といった二点が挙げられている。「が・を・に・へ・と」などの格助詞で大体の意味が表せるため、複合格助詞を扱う重要度と必要度は問われるかもしれない。しかし、日本語学習者[1]は将来大学院に進学したり、会社で専門的な翻訳職に就くことを目標とするため、複合格助詞はレポー

---

　[1]　日本語学習者は中国国内の大学で日本語を専攻とする学習者のことを言う。

第一章　序　論

トや論文、文書を書いたり読んだりするときに欠かせない文法項目の一つと考えられる。

　複合格助詞は格助詞に比べ、形式上の複雑さに加え、意味用法を理解する上での難しさによってその習得は難しいと言われており、その中でも「にとって」、「として（は）」、「について（は）」、「に対して」などは母語の影響との関わりから、中国語を母語とする日本語学習者にとってその使い分けが困難であると言われている（張2001、沈2009）。

　複合格助詞はこのように軽視されがちであり、また形式・意味上の難しさなどにより、日本語の「複合格助詞」に関する研究は格助詞よりずいぶんと遅れている。従来の研究は、複合格助詞の認定基準や分類などに重点を置いている。確かに、認定基準や分類に関する記述は、日本語学においては欠かせないものである。しかし、日本語学習者の視点からはこれらの形式の文法的位置づけはそれほど意味を持たず、むしろ個々の複合格助詞がどのような意味を表すか、またどのようなときに使うかに関心があるであろう。さらに、個々の複合格助詞の意味用法を考察している先行研究はあるものの、文法説明にわかりにくい用語が用いられていたり、意味用法の分類が煩雑になりすぎたりして、そのまま教育現場に持ち込める形で整備されていないのが実情である。日本語教育の観点からなされた複合格助詞に関する記述は、主に文型辞典、例えば『日本語表現文型』（1989）、『日本語誤用例文小辞典』（1997）、『日本語文法ハンドブック』（2001）、『日本語表現文型辞典』（2007）などで取り上げられている。これらの文型辞典では、主として個々の複合格助詞の意味用法を簡潔に紹介することが目的とされており、学習者の母語に応じた詳細な記述①が行われていないことや、各複合格助詞の使用

---

　①　例えば、友松悦子・宮本淳・和栗雅子編『日本語表現文型辞典』（2007）では日本語の解説がそのまま中国語に翻訳されているだけで、中国語を母語とする日本語学習者の特徴を考慮した記述とは言いがたい。

1. 研究の目的と意義

条件が提示されていないという問題点が指摘できる。また前述したように中国語を母語とする日本語学習者の視点から母語の影響に関する記述は散見されるものの、これらの誤用をなくす指導法までは考察されていない。

一方、主に日本語学の成果を取り入れて開発された日本語の総合教材を見てみると、複合格助詞に関する解説は中国語訳などが与えられているだけである。さらに、意味用法の提示が不十分であったり、与えられていなかったり、典型的な例文が挙げられていなかったり、誤解を招きやすかったり、また使用条件や中国語訳とのずれが提示されていないという問題点も見られる。

このように、日本語学側における複合格助詞の記述が教育現場に持ち込める形で整備されていない一方、日本語教育においても複合格助詞の導入について数多くの問題点が見られるのである。

そこで本書は2000年以降盛んになってきた日本語教育文法の観点から、中国語を母語とする日本語学習者向けの複合格助詞「にとって」、「として(は)」、「について(は)」、「に対して」に関する教材開発を行うことを目的とする。具体的には次の三点を研究の目的とする。第一の目的は、日本語母語話者における複合格助詞の使用実態を把握するために、大規模コーパスを利用し、「にとって」、「として(は)」、「について(は)」、「に対して」の前後にくる語を解明することである。第二の目的は、主に日本語学の成果を取り入れて開発された日本語の総合教材における複合格助詞の扱われ方を見るために、現在中国で広く使われる中国語を母語とする日本語学習者向けの総合教材における「にとって」、「として(は)」、「について(は)」、「に対して」の扱われ方とその問題点を明らかにすることである。第三の目的は、コーパス調査と教材分析の結果をもとに、中国語を母語とする日本語学習者向けの総合教材における複合格助詞「にとって」、「として(は)」、「について(は)」、「に対して」を扱うと

第一章 序　論

き、日本語教育文法の観点から、必要な項目を考察することである。
　本書の意義及び特徴は以下の三点である。
　第一は、本書が大規模コーパス『現代日本語書き言葉均衡コーパス』（BCCWJ①）を利用し、日本語母語話者による複合格助詞の使用実態を分析した点で意味があると考えられることである。複合格助詞に関する研究はその認定基準や分類などに関する考察が多く見られるが、大規模コーパスを利用し、母語話者の使用実態を把握している考察はあまり見当たらない。母語話者の実際の使用実態を把握し、日本語教育に反映していくことが本書の主旨である。本書によって明らかにされた複合格助詞の先行名詞、後ろにくる述語はそのまま教育現場に持ち込めると思われる。
　例えば、本書によって明らかにされる「に対して」の直後に述語動詞がきにくいという点は、学習者の誤用を防ぐという点において意義があると考えられる。また、「に対して」は「対象」を表す用法、「として」は「資格・身分」を表す用法が圧倒的に多いことも今回のコーパス調査で明らかになった。このような多義形式のどの用法が一番典型的な用法であるかについて、その認定が従来の内省からでは困難な点も、コーパス調査を用いれば可能となる。
　第二は、教材分析によって得られる教材の問題点が今後の教材作成の際に、有益なヒントを与えると考えられることである。本書の考察によって明らかにされる教材の問題点「複合格助詞が使われる文型や意味用法の解説が不十分であったり、与えられていなかったり、誤解を招きやすかったりするということ、また対応する中国語訳とのずれや使用条件が提示されていないこと」は複合格助詞に限った話ではなく、現行の教材における文法項目を扱うときの一般的な傾向と言えるものである。これらの問題点を視野に入れること

---

① BCCWJに関する解説は1.3に譲る。

で、今後の教材開発に有益なヒントが提供できると思われる。

　第三は、本書が日本語教育文法の観点から中国語を母語とする日本語学習者というある特定の言語話者向けの複合格助詞に関する教材開発を行おうとしている点である。中国語を母語とする日本語学習者の特徴を考慮しながら、複合格助詞をわかりやすく簡潔に提示していることが本書の最大の特色であり、意義があるところだと言えよう。また、本書の考察結果に基づいて作った日本語版と中国語版の「にとって」、「として(は)」、「について(は)」、「に対して」の文法ハンドブックは、自主学習しようとする日本語学習者や中国国内の現場の日本語教師がすぐに使えるようなものとして活用できると思われる。

2. 考察対象

　本書では、主として日本語の複合格助詞「にとって」、「として」、「について」、「に対して」①を取り上げ、中国語を母語とする日本語学習者向けの教材開発を行う。これらの複合格助詞はいずれも「は」がつき得るが、「としては」、「については」は一つのまとまりとして、「として」、「について」と異なる用法を持ち(裴2005、馬2011など)、学習者にとって混同しやすいため、「として」と「について」を考察する際、「としては」と「については」も視野に入れなければならない。それに対して、「にとっては」、「に対しては」は主に「対比」を表しており、学習者には混同が生じにくいため、考察の対象外とする。また、これらの複合格助詞には「も」もつき得るが、今回の考察対象とはしない②。研究範囲をこのように設定する

---

　①　本論文はこれらの形式の連用用法を考察する。連体用法は別稿に譲る。
　②　ただし、「複合格助詞+も」は連用用法であるため、第三章から第六章までのコーパス調査をする際、このデータも利用することとする。

第一章　序　論

理由としては、以下の四点が挙げられる。

　一つ目としては、どの教材でもこの四つの形式が導入されているという点である。

　本書では中国国内の大学で広く使われている中国語を母語とする日本語学習者向けの以下の三種類の初中級総合教材を分析対象とする。

　　i.《新编日语》(1993)上海外语教育出版社。四冊からなる。第1冊、第2冊、第3冊は各20課、第4冊は18課から構成されており、1990年代から中国国内の大学で広く使われている総合教材である。与えられている例文や文章が古いと批判され、新しく出てきた他の教材にその地位を譲ってしまった感もあるが、現在でも使っている大学がある。また、今中国の大学で日本語教育の中心を担っている三、四十代の教師たちが学生時代この教材を使って日本語を学んでいたということもあり、分析対象として取り上げる。

　　ii.《综合日语》修訂版(2005)北京大学出版社。四冊からなる。第1冊は第1課~第15課、第2冊は第16課~第30課の各15課、第3冊は第1課~第10課、第4冊は第11課~第20課の各10課からなる。中日が共同で開発した総合教材である。現在も広く使われているため、今回の分析対象として取り上げる。与えられている例文や文章は比較的新しいものである。

　　iii.《标准日语初/中级教程》(2003)北京大学出版社。初級と中級各2冊からなり、初級上冊は1課~17課、初級下冊は18課~34課、中級上冊は15課、中級下冊は10課からなる。日本の東京外国語大学留学生日本語教育センター編の『初級日本語』、『中級日本語』をもとに開発された中国語版の総合教材である。中日両国で使われている教材の複合格助詞の扱われ方を見るために、分析対象として取り上げる。

　以下、それぞれ《新编》、《综合》、《标准》と略する。これらの総

合教材は初中級段階の精読の教材として、日本語を専攻とする大学生の1学年目と2学年目で使われている。各教材における「にとって」、「として」、「について」、「に対して」の新出課を示したものが表1である。

表1. 教材における「にとって」、「として」、「について」、「に対して」の新出課

	にとって	として	について	に対して
《新編》	第1冊第19課	第2冊第16課	第1冊第19課	第4冊第3課①
《綜合》	第2冊第16課	第2冊第19課	第2冊第22課	第3冊第4課
《标准》	初級第33課	初級第29課	初級第12課	中級第2課

表1からわかるように、取り上げた三種類の総合教材②ではいずれも「にとって」、「として」、「について」、「に対して」を一つの文

---

① 《新編》では「に対して」の「対象」用法は導入されておらず、第4冊第3課で「に対して」の「対比」用法が導入されている。

② 今回取り上げた三種類の総合教材にはいずれも教師用の副教材がない。これらの複合格助詞をどう教授しているのかを見るために、各教材を使用している何人かの現場の教師にインタビューした。すると、《新編》を使用している教師からは、ある文法項目に対する解説が与えられていないときは、他の文法参考書のその文法項目に関する意味解説を参考にしながら教授しているが、教材で意味解説が与えられている文法項目は基本的に教材に従う。《綜合》を使用している教師からは、内容が多いため、その内容を規定の時間内で説明するだけで精一杯であり、基本的に教材以外の文法参考書は使わないとあった。《标准》を使用している教師からは、教材で取り扱われている文法項目が多いため、他の参考書の内容を採り入れる余裕がないといった声が返ってきた。インタビューの人数が少ないため、断言はできないが、現場の教師は基本的に教材に従って文法項目を教授している。また、市販の文法参考書は数多いが、大体教材と同じことが書かれている。教育現場ですぐ使える資料はなかなか見つからないという声も聞かれた。

法項目として、初中級段階で導入している。
　二つ目としてはいずれも文法参考書や文型辞典でよく取り上げられている項目であるという点が挙げられる。
　複合格助詞が取り扱われている文法参考書や文型辞典では、いずれも「にとって」、「として」、「について」、「に対して」を一つの文法項目として取り上げている。例えば、中国と日本で広く使われている文法参考書―『日本語表現文型』（1989）、『日本語文型辞典』（1998）、『日本語文法ハンドブック』（2001）などではすべて「にとって」、「として」、「について」、「に対して」が個々に取り上げられている。
　三つ目としてはいずれも日本語母語話者によってよく使われている形式であるという点が挙げられる。
　一億語規模の『現代日本語書き言葉均衡コーパス』（BCCWJ）から、そのオンライン検索ツールである「中納言」①（https://chunagon.ninjal.ac.jp/search）の長単位検索を利用し、各複合格助詞の出現数を調べてみると、その上位10位は表2のようになる。
　表2からわかるように、BCCWJにおける各複合格助詞の出現数には大きな差が見られる。本書の考察対象である「にとって」、「として」、「について」、「に対して」はいずれもBCCWJにおいて、その出現頻度は上位6位以内に入っており、且つ出現数が1万例以上の形式でもある。

―――――――――

　①　中納言では、「短単位検索」、「長単位検索」、「文字列検索」の三種類の検索方法を提供している。短単位・長単位・文字列の3つの方法によってコーパスに付与された形態論情報を組み合わせた高度な検索を行うことができる。本論文は必要に応じて、「短単位検索」、「長単位検索」、「文字列検索」を利用する。表2で挙げたのは中納言の長単位検索「名詞+複合格助詞」という検索方法で得られたデータである。

表2. BCCWJにおける複合格助詞の出現数

順位	複合格助詞	出現数
1	として	136636
2	について	90636
3	によって	53142
4	において	45304
5	に対して	21668
6	にとって	19723
7	に向かって	7526
8	に関して	6533
9	を通じて	5238
10	を通して	5043

　四つ目としてはいずれも中国語を母語とする日本語学習者が母語の影響などの理由で混同しやすい形式であるという点が挙げられる。

　日本語の「にとって」、「として(は)」、「について(は)」、「に対して」はいずれも中国語の"対"か"対+アルファ①"と対応しうる。例えば、「にとって」は"対""対……来说"、「としては」は"対……来说"、「について(は)」は"対""対于"、「に対して」は"対""対于"と対応しうる。さらに、これらの形式は形式上の類似性(「にとって」、「として」)、或いは意味上の類似性(「にとって」、「について」、「に対して」は共に「対象」を表しうる)により、中国語を母語とする日本語学習者が混同しやすい形式と言われている(張2001、沈2009)。

---

① "対+アルファ"は"対……来说"と"対于"を指す。

3. 研究方法と資料

　本書は、日本語教育文法の観点から複合格助詞に関する教材開発について研究する。森(2011：14-43)では日本語教育文法のための研究手法として次の七つを挙げている。

　①日本語教科書調査
　②コーパス調査
　③文法に関連する語彙の意味領域調査
　④アンケート調査
　⑤言語使用調査
　⑥実験調査
　⑦統計的検定の考え方と方法

　①は、提出課と例文、練習問題のタイプ、日本語教科書をコーパスとして調べるという方法について述べたものである。
　②は、研究目的によって、母語話者による書き言葉、話し言葉コーパスや学習者コーパスを利用し、分析するという方法について述べたものである。
　③は、分類語彙表(国立国語研究所編 2004)や『日本語教育スタンダード試案　語彙』(山内他 2008)を用い、文法に関連する語彙の意味領域調査の方法について述べたものである。
　④は、コーパス調査などに比べ、統計的検定を用いやすいアンケート調査という方法について述べたものである。さらに、アンケート調査は学習者に対してはテストになりがちであるし、母語話者にしても言語に対する規範的意識が障害となり現実の言語使用を反映した結果になりにくいため、日本語教育文法研究では、アンケート

調査はその他の研究手法と組み合わせて、補佐的に用いるべきであると述べられている。

⑤は、日本語教育文法のための研究手法として定番となりつつあるコーパス調査と相互補完的な存在である言語使用調査について述べたものである。コーパスが「過去に書いた(発話した)」ものであるのに対して、言語使用は「実際にどう書くか(話すか)」というものである。言語使用調査では、どのような状況でどのように書くか(話すか)という環境を設定できるため、日本語学習者が「こんなとき日本語母語話者はどう使う」ということをピンポイントに調べることができる。また、「コーパスに出現しない形式は扱えない」というコーパスの弱点を補うことも可能であると述べられている。

⑥は、日本語教育文法研究として、ある意味、王道と言える研究手法である授業実験について述べたものである。

⑦は、コーパス調査、アンケート調査や言語使用調査で用いる統計的な検定の考え方について述べたものである。具体的な方法としては、SPSSやRといった統計パッケージを使用し、相違、相関などを調べる方法があると述べられている。

本書では森(2011)が指摘している七つの研究手法のうち、「コーパス調査」と「日本語教科書調査」を用いる。

具体的なやり方としては、まず、日本語母語話者の使用実態を見るために、母語話者コーパスから「にとって」、「として(は)」、「について(は)」、「に対して」の用例を取り出し、excelのピボットテーブルなどを利用し、これらの複合格助詞の先行名詞と後ろにくる述語を集計する。「に対して」と「として」はいくつかの用法を持っているため、各用法の分布も分析する。本書の考察対象である「にとって」、「として(は)」、「について(は)」、「に対して」はしばしば書き言葉として使われるため、大学共同利用機関法人人間文化研究機構国立国語研究所が開発・作成した『現代日本語書き言葉均

衡コーパス』(Balanced Corpus of Contemporary Written Japanese：以下BCCWJ①)を利用した。BCCWJは、新聞、雑誌、書籍、白書、Yahoo!知恵袋などを対象として収録している1億語規模のコーパスである。表3はBCCWJ各データの構成を示したものである。

表3. BCCWJデータの構成(李他 2012：25による)

サブコーパス	概要	%(計100)
出版	書籍	27.2
	雑誌	4.2
	新聞	1.3
図書館	書籍	29.0
特定目的	ベストセラー	3.6
	白書	4.7
	広報誌	3.6
	法律	1.0
	国会会議録	4.9
	教科書	0.9
	韻文	0.2
	Yahoo! 知恵袋	9.8
	Yahoo! ブログ	9.7

---

① 森(2011：23)では、BCCWJを用いることで、現代日本語における日本語母語話者の書き言葉に関しては、「ある文法形式がどれぐらい使われているか」を知ることができる。もちろん、日本語母語話者の言語使用の傾向が、そのまま日本語教育に適用できるわけではないが、「日本語母語話者がどれぐらい使っているか」すなわち「日本社会において、どのくらい使われているか」は重要な情報であると言えると述べている。

次に、教材調査でこれらの複合格助詞「にとって」、「として(は)」、「について(は)」、「に対して」の扱われ方、及びその問題点を明らかにする。利用したのは1.2で取り上げた中国国内の大学で広く使われている三種類の日本語総合教材である。

最後に、母語話者コーパス調査と教材調査の結果をもとに、学習者コーパスから取り出したこれらの複合格助詞の誤用例も視野に入れ、中国語を母語とする日本語学習者向けの総合教材において、「にとって」、「として(は)」、「について(は)」、「に対して」を取り扱う際に必要な項目を考察する。日本語学習者の誤用例については、主に国立国語研究所が開発した「日本語学習者による日本語作文と、その母語訳との対訳データベースver. 2」(http://www.ninjal.ac.jp/publication/catalogue/kokken_mado/04/05/)における中国語を母語とする日本語学習者のデータと、「華東政法大学作文コーパス」(http://www.lang.nagoya-u.ac.jp/~sugimura/class/corpus/zhengfa.html 科研費課題番号 19520451、研究代表者：杉村泰)による。一部、筆者が収集した誤用例も利用する。また、本書で利用する日本語母語話者の用例のうち出典が明示されていない文は、「中納言」の文字列検索を使用して検索したものである。

4. 本書の構成

本書は序論を含めて八章から構成されており、各章で明らかにする内容は、以下の通りである。

第一章では、序論として、研究の目的と意義、考察対象、研究の方法・資料及び本書の構成を述べる。

第二章では、日本語教育文法と複合格助詞の研究現状を概観した上で、日本語教育文法の観点から複合格助詞を研究する必要性を述べる。本章では、2000年以降盛んになっている日本語教育文法の

第一章　序　論

誕生、日本語記述文法との関係及び教育文法が目指すものを紹介し、その後、日本語教育文法に関する本書の立場を明らかにする。さらに複合格助詞の研究現状を概観した上で、日本語の複合格助詞を教育文法の観点から考察する必要性を論じる。

　第三章では、第二言語を習得する際に果たしている教材の役割を明らかにする。本章では中国の北京市にあるA大学の日本語学科で日本語を学ぶ学生を対象に、中国語の介詞"対"とその関連形式"対+アルファ"が用いられる文を日本語に翻訳させるアンケート調査をおこない、中国語を母語とする日本語学習者が中国語の介詞"対"とその関連形式"対+アルファ"について、日本語の複合格助詞「に対して」、「にとって」、「として」、「に向かって」、「について」とどのような対応関係にあると理解しているのかを明らかにした上で、その理解において教材がどのような役割を果たしているかを明らかにする。

　第四章では、中国語を母語とする日本語学習者向けの「にとって」に関する教材開発を行う。本章ではまずコーパス調査で「にとって」と共起しやすい先行名詞、後ろにくる述語を見る。次に、中国国内で広く使われる総合教材における「にとって」の扱われ方とその問題点を明らかにする。最後に中国語を母語とする日本語学習者の誤用例を見ながら、「にとって」が使われる文型、意味用法、使用条件、対応する中国語訳とのずれという四つの面から「にとって」に関する教材開発を行う。

　第五章では、中国語を母語とする日本語学習者向けの「として(は)」に関する教材開発を行う。本章ではまずコーパス調査を行い、「として(は)」の先行名詞、後ろにくる動詞を見る。次に、中国国内で広く使われる総合教材における「として」の扱われ方とその問題点を明らかにする。それから、コーパス調査の結果をもとに、「として」、「としては」の意味用法を三種類に分け、それぞれ

4. 本書の構成

対応する中国語訳、使用条件を考察する。最後に、これらの考察結果をもとに、中国語を母語とする日本語学習者向けの「として(は)」に関する教材開発を行う。

第六章では、中国語を母語とする日本語学習者向けの「について(は)」に関する教材開発を行う。本章ではまず「について」、「については」にかかる成分からその分類基準を述べる。次に、コーパス調査を行い、「について(は)」の先行名詞・その後ろにくる動詞を見る。それから、中国国内で広く使われる総合教材における「について」の扱われ方とその問題点を明らかにしたうえで、「について」と「については」を指導する際に必要な項目を考察する。最後にこれらの考察結果をもとに、中国語を母語とする日本語学習者向けの「について(は)」に関する教材開発を行う。

第七章では、中国語を母語とする日本語学習者向けの「に対して」に関する教材開発を行う。本章では、コーパス調査で日本語母語話者における「に対して」の使用実態を明らかにし、教材調査で「に対して」の提出実態を検討したうえで、中国語を母語とする日本語学習者の特徴を考慮しながら、中国語を母語とする日本語学習者向けの「に対して」に関する教材開発を行う。

第八章では結論と今後の課題として、本書によって明らかにされた内容をまとめ、そして、残された今後の課題を述べる。

また、本書の終わりには、自主学習しようとする学習者や、教鞭を執る現場の教師が気楽に使えるものとして、筆者が本書の結果から作成した日本語版と中国語版の「にとって」、「として(は)」、「について(は)」、「に対して」の文法ハンドブックを付録におさめる。

第二章

日本語教育文法と複合格助詞研究

　本章では日本語教育文法と複合格助詞を概観した上で、日本語教育文法の観点から複合格助詞を研究する必要性を述べる。以下、第1節ではまず日本語教育文法と日本語記述文法の関連及び日本語教育文法が目指すものについて述べ、その次に日本語教育文法に関する本書の立場を明らかにする。第2節では日本語学、日本語教育、中日対照の観点から複合格助詞に関する先行研究を概観する。第3節では本書が定義した日本語教育文法の観点から複合格助詞を研究する必要性について論じる。

1. 日本語教育文法の概観

1.1　日本語教育文法と日本語記述文法[①]

　「日本語教育のための文法」に関する研究は日本語学の創成期から発展期にかけて寺村秀夫を中心に盛んに行われたが、寺村の死後、日本語学と日本語教育の関係は疎遠になっていった。これに対し、2000年代前後から文法と日本語教育の新たな関係の構築を目

---

　　① 本論文では、「日本語記述文法」と「日本語学」を同じものとして扱う。

指す「日本語教育文法」と称する研究が行われるようになってきている(庵2012：1)。

　日本語教育文法が誕生し盛んになってくる理由としては、主に次の二点にあると筆者は考える。

　一つは、庵(2011)などが指摘している「日本語学の学問的成熟」にある。庵(2011：3)は、2000年代に入るころから後の日本語記述文法には、大きな発見が少なくなり、「体系の隙間」を埋めるというだけで、全体からすれば些細な現象の発見が評価されるようになってきたと述べている。同じことは本田・岩田・義永・渡部(2014)でも指摘されている。本田・岩田・義永・渡部(2014：24—25)では、「『現代日本語文法』(日本語記述文法研究会編)全7巻の完成(2010年5月)により、気になる文法現象は本を調べれば何でもわかってしまう時代が来たのである。(中略)こういう背景にあって、従来の作例や例文引用による方法では、文法の記述を行おうとしても難しいのが現状である。特に大学院生が文法の記述目的で論文を書いても、学会誌などではなかなか採用されない」と述べている。日本語記述文法のこういった厳しい現状にあたり、新しい文法記述の道の開拓が迫られたのは、日本語記述文法自体の成熟にとって必然的ななりゆきであろう。

　そして、もう一つは、1990年代に入り、特に2000年以降、世界中で日本語を母語としない日本語学習者の数が急増したため、これまで主に日本語を母語とする学習者を対象としていた従来の学校文法の不備が強く意識させられるようになったことにある。これにより、日本語を母語としない学習者に対して新たな文法記述が求められたのも原因の一つではないかと考えられる。こういった背景にあって誕生した「日本語教育文法」は時代の産物とも言えよう。

　では、「日本語教育文法」と「日本語記述文法」はどのような関係にあるのだろうか。

庵(2011：3)では「寺村(1980年代頃)においては、日本語文法の記述と日本語教育のための文法記述が表裏一体であった。(中略)しかし、寺村の死後1990年代後半から日本語学と日本語教育の関係は疎遠になっていった。特に上述した日本語学の学問的成熟などを原因に、日本語学の研究は日本語教育の現場で求められているものと大きく異なるため、日本語学と日本語教育は次第に離れていくようになる」と述べている。

こうした日本語学と日本語教育の乖離を埋めるように、グループ・ジャマシイ(1998)、庵他(2001)などによって書かれた文法参考書を代表とする日本語教育文法の第1期が成立した。これらの著書においては既存の文法シラバスの枠組みが利用されているため、野田(2005)は第1期の日本語教育文法を「日本語学的文法に依存した日本語教育文法」と呼んでいる。

既存の文法シラバスの枠組みが利用されている日本語教育文法第1期の問題点の克服を目指して、野田編(2005)が「日本語学に依存しない日本語教育文法」①の必要性を説き、「コミュニケーションのための日本語教育文法」を主張し、日本語教育文法第2期の幕が開いた。日本語教育文法第2期は「日本語学に依存しない日本語教育文法」と提唱されているように、日本語学から受けた体系主義と形式主義の悪影響を棄却する②ことが強く主張されている。このよう

---

① 野田(2005：2)は「日本語学に依存しない日本語教育文法」について次のように述べている。「これまでは日本語学で研究された文法をもとにしていたため、それに引きずられてきた。これからは日本語学習者が日本語でコミュニケーションするときに必要な文法にする必要がある」。野田と同じ説を説いているものに白川(2005)の「日本語学的文法から独立した日本語教育文法」がある。

② 野田(2005)が主張している「コミュニケーションのための日本語教育文法」に関しては、文法教育の軽視や体系性への誤解(彭2011)などの批判がある。

に、日本語教育文法第1期と第2期では日本語学の研究成果を利用するかしないかという点において大きく違っているように思われる。

これに対して、庵(2011：9)は、「野田尚史(2005、2010)のように、日本語記述文法との距離を大きくとる日本語教育文法上の立場もあるが、可能であれば、両者の距離が再び近いものになることが望ましい」と述べている。同書ではさらに「『日本語学の研究が深まれば、それが結果的に日本語教育に役に立つだろう』といった楽観主義はもはやとることができないということです。かといって、野田(2005)のような日本語学に対する極度の不信をもつ必要もないのではないか。日本語学と日本語教育をつなぐことは、可能だと考えます」と指摘している(p350)。

筆者は庵(2011)の主張に賛成し、日本語教育文法は日本語記述文法から独立した学問分野として、自らの地位を築くべきであるが、日本語学の研究成果を無視することもできないという立場をとる。これは日本語教育文法を研究する際、多くの場合、日本語学の研究成果をそのまま持ち込むことはできないが、すでに数多く優秀な研究成果を蓄積してきた日本語学を批判せずに棄却するのも理屈に合わないと考えるからである。庵(2011：9)では日本語記述文法と日本語教育文法の新しい関係について、以下のように述べている。

（前略）こうした優れた研究成果があるものの、現状の方向のまま研究が進めていった場合、日本語記述文法が先細りすることは明らかであろう。そうした局面において、日本語記述文法の知見を日本語教育文法に生かすことが重要になってくる。そのあり方は小林(2002)が提案しているように、記述文法の専門家と日本語教育の専門家が連携するという形もありうる

が、記述文法を専門に学んだ後、日本語教育に携わっている人が多いことを考えれば、そうした人が新しい教育文法の構築に主体的に立ち上がることがよりのぞましいのではなかろうか。

このように、日本語教育文法を研究する際には、むしろ日本語学の理論的知識が不可欠であると考える。

1.2　日本語教育文法が目指すもの

教育文法が目指すものとして、庵(2011：5-8)では次の四点を挙げている。

①理解から産出へ
②体系の記述からコミュニケーションのための記述へ
③学習者のレベルに即した文法シラバスへ
④その他(教科書分析など)

①は日本語記述文法では母語話者の文法能力が前提とされるため、理解レベルと産出レベルの区別が問題にならないのに対し、教育文法が対象とするのはそうした文法能力を持たない学習者であるため、理解はできていても産出できないということは十分ありうる。その意味で、理解レベルと産出レベルの区別が必要であると述べられている。

②は記述文法では「体系」や「隙間のない記述」が重視され、日本語学の知識が無批判に取り入れられている。こうした現行の文法シラバスの問題点を脱する手段の一つとして、「読む」、「書く」、「聞く」、「話す」の4技能それぞれに特化したコミュニケーションのための研究が必要であると述べられている。

③は現行の初級教科書で取り上げられている文法項目は大枠で一

致している。1970年代までは日本語教科書に「中級」レベルの総合教科書はほとんどなく、「『文法』は初級で終わり」という現行の枠組みの基盤が形成された。これからは学習者のニーズ、コーパスを用いた頻度調査、テキストのタイプなどを総合した形で、新しい文法シラバスを構築していく必要があることを述べたものである。

④は日本語教科書には一定の傾向性があり、それを明らかにすることは教育文法のあり方を考える上で重要であることを述べたものである。

1.3 日本語教育文法に関する本書の立場

1.1では日本語記述文法と日本語教育文法の関連について概観した。それでは、日本語教育文法とは一体どのようなものを指すのであろうか。日本国内における日本語教育文法の研究成果としては、『コミュニケーションのための日本語教育文法』(野田編2005) ①、『日本語教育のためのコミュニケーション研究』(野田編2012)と、『日本語教育文法のための多様なアプローチ』(森・庵編2011)が挙げられる。

「日本語教育文法」をキーワードかタイトルとしている著書はこの三冊だけであり、日本語教育文法の代表作として重要な存在であ

---

① 庵(2011：10)では「コミュニケーションのための日本語教育文法」の問題点について、「野田尚史編(2005)、野田尚史(2010)などで主張されている、4技能に特化した日本語教育文法というのは魅力的な試みであるが、問題もあるように思われる。最大のものは『文法』という語をどう考えるかである。『文法』である以上、何らかの意味での一般性をもつ必要があると筆者は考える。しかし、野田尚史(2010)などで挙げられている例は個別的で、学習者は個々の例については学ばなければならない。こうしたやり方ではストラテジーは身についても、知識は身につかない(つきにくい)可能性がある。次に重要なのは、どういう例を取り上げるかについてのフォーマットが定まっていないように見える点である」と述べている。

ると考える。しかし、これらに対し、日本語教育文法の全体像が見えず、体系性が欠如しているという批判もある(彭 2011、楠本 2007)。また、この三冊はともに「日本語教育文法」を主張しているが、小林(2013)は『日本語教育のためのコミュニケーション研究』(野田編 2012)と『日本語教育文法のための多様なアプローチ』(森・庵編 2011)を比較分析した結果、以下のように述べている。

> (前略)取り上げた二冊の比較からわかることは、一口に日本語教育文法と言っても、その立ち位置や目指すところは、さまざまだということである。「日本語教育文法」という一つの理論や、共有の定義があるわけではない。「日本語教育」、「文法」、「コミュニケーション」といったキーワードで表象されることがらについて、それぞれが自らの文法観、文法教育観等に基づいて、発言、発信しているに過ぎないからである。(小林 2013：13-14)

これはつまり、日本語教育文法とはどのようなものであるのかということについて、今の段階では合意が得られていないことを表している。以下、先行研究における「日本語教育文法」の定義を記述したものを(1)で見てみよう。

(1) a. 教育文法(pedagogical grammar)とは文字通り、「教育(pedagogical)を目的とする文法記述」を指している。(小林 2002)
   b. 教育文法(pedagogical grammar)とは外国語を学習する者の必要性に応じた文法分析及び指導法の総称である。(楠本 2007：2)
   c. 日本語教育文法についての見方はさまざまでありうるが、

「日本語教育における必要度に応じて文法記述を行う」という点は共通していると考えてよいであろう。(庵2011：5)
d. 日本語教育において広く採用される、体系としての文法記述を指す。(彭2011：1)

　これらの記述では、「教育を目的とする文法記述」という点が共通しているように思われる。そのうち、楠本(2007)の「必要性」、庵(2011)の「必要度」に応じて文法記述を行うという点は大変示唆的であるが、その「必要度」が具体的にどのようなものを指すのかは明らかにされていない。また、彭(2011)は文法記述を行うときの「体系(性)」を重要視しているようである。
　日本語教育文法が指す内容を細分化したものとしては、中石(2013)が挙げられる。

　「日本語教育文法」という用語が指すものは一様ではなく、次の(1)から(3)の三つの異なる段階にある事象を指し示していることに注意しなければならない。(1)：日本語教育で扱うべき言語体系の全体像；(2)：(1)のうち、日本語教育で実際に学習者に伝達される言語体系；(3)：(2)の言語体系をもとに作られるシラバス、教材。
　(1)は、日本語学、音声学、社会言語学、認知言語学などの言語やその応用に関する分野の記述の中から、語学学習という実用のために選定した、包括的な記述の全体像である。(2)は、(1)の内容から絞って、実際に学習者に伝達する内容である。(3)は、(2)に基づいて、実際の教育のために作成されるシラバス、教材である。このうち、(1)は「何を教えるか」、(3)は「どう教えるか」に関わる。その間の(2)は、学習者に伝

達する範囲を(1)から絞るという点では、「何を教えるか」に関わるものであり、伝達の際に用いる説明をわかりやすくするという点では、「どう教えるか」に関わる。(p30-31)

　中石(2013)も彭(2011)と同じく「体系」に目を向けていることがわかる。
　また、中石(2013)で指摘されているように、日本語教育文法の議論では、「日本語学の視点」から「学習者の視点」への移行がスローガンの一つになっている。例えば、白川(2005：43)では「母語話者と学習者とでは、文法を見る見方がまったく異なる。日本語教育文法を考える際は、日本語学の文法のように『母語話者の視点』からではなく、『学習者の視点』から発想された文法であるかどうか点検する必要がある」、野田(2005：2)は「一律の文法から学習者ごとの文法へ：これまでは教室で一斉授業を前提に日本語教育文法が作られていた。これからは日本語を学習する目的や周囲の環境、母語などの違いに応じてオーダーメイドの文法が作れるようにする」と述べている。
　この「学習者の視点」は具体的に、「学習者の習得や母語を考慮した文法説明をするべきだ」(野田編2005)ならびに「文法規則を少なくして、文法記述は使いこなしやすいものが必要である」(庵2011)という二点が挙げられる。
　このように、「日本語教育文法」については、「必要度に応じて」、「学習者の視点から」文法記述を行う点においては合意を得ている。この「必要度に応じて」と「学習者の視点」とは同じものを指していると考える。つまり学習者の母語や習得を考慮し、必要なものに関しても過度な記述を避けることである。さらに、日本語教育文法は「文法」である以上、体系性が欠かせないと思われ、本書では日本語教育文法を(2)のように捉える。

(2)学習者の母語や習得を考慮した、体系的な文法記述を行うこと。

彭(2011：2)は「日本語教育文法は完全に確立されていない」、庵(2012：10)も「日本語教育文法は極めて新しい分野であり、今後の研究の方向性を完全に予想することはできない」と述べている。このような極めて新しい分野である日本語教育文法は「文法教育の軽視」と「体系性の欠如」(楠本2007、彭2011など)という批判を受けてきたが、このような問題点を克服し、「日本語学の次の一手」(庵2013)として、大変魅力ある分野であると考える。

2. 日本語における複合格助詞研究

2.1　日本語学の観点から複合格助詞を記述した先行研究

　日本語学の観点から複合格助詞を記述した研究は、主にその認定基準と分類、及び個々の複合格助詞の意味用法を記述したものである。

　まず、「複合格助詞」の認定基準とその分類に関する先行研究をみてみよう。

　佐伯(1966)は「複合格助詞」という名称を提出しており、内的構造(形態)を「aいずれも〈格助詞+動詞+て〉と分析することができる、b(1)中核をなす動詞の意義はいずれも具体性が稀薄である、b(2)動詞の機能は退化している」；外的構造(機能)を「c 原則として名詞に接続する、d(1)普通体連用法のばあい、単独の格表示機能を果たす。ただし、「に対して」は接続機能を果たすことがある、d(2)普通体連体法は連用法のもつ格表示機能に加えて連体機能をも

っている、d(3)丁寧体は連用法だけであるが、これは普通体連用法にみられた機能に文体的な丁寧さの加わったものである」という両面から複合格助詞の共通性を捉えている。

　複合格助詞の認定基準に関する考察は、さらに砂川(1987)、馬(2002b)、松木(2005、2006、2009、2011)などが挙げられる。

　これら複合格助詞の認定基準に関する先行研究には多少の違いはあるが、「日本語の格助詞相当の機能を果たしているかどうか」、「中核をなす動詞部分の実質的な意味を失っているかどうか」という二点においては共通しているように思われる。また、複合格助詞が用いられる理由として、庵他(2001：14)では「一つはテ格など多様な意味を持つ格の意味をよりはっきりさせるためである。もう一つは格助詞では言い表せない(言い表しにくい)意味を表すためである」としている。

　また、塚本(1991)は複合格助詞における動詞部分の意味の実質性の段階によって、複合格助詞を動詞部分の意味の実質性を比較的保持している「~に関して・~に対して・~を指して・~をめざして」のグループと、かなりそれを欠いてしまっているもの「~にとって・~をおいて・~をして・~でもって・~として」のグループと、中間に位置づけられる「~において・~について・~に当たって・~に際して・~にわたって・~によって・~をもって」のグループという3種類に分けている。

　このような複合格助詞の認定基準と分類に関する記述は日本語学においては欠かせないものであるが、日本語学習者の視点からはこれらの形式の文法的位置づけはそれほど意味を持たず、むしろそれぞれがどういう意味を表すか、どういうときに使うのかに関心があるであろう。

　次に、個々の複合格助詞に関する先行研究をみてみよう。

　個々の複合格助詞に関する代表的な研究成果としては、『複合辞

研究の現在』(藤田保幸・山崎誠編 2006)、『複合助詞がこれでわかる』(東京外国語大学留学生日本語教育センター グループKANAME編 2007)などが挙げられる。

　各複合格助詞に関する詳しい記述は第3章から第6章に譲るが、これら個々の複合格助詞に関する先行研究の共通の問題点としては、各複合格助詞の意味用法或いは使用条件をわかりにくい用語で記述しており、日本語教育の現場に応用しにくいといった点などが指摘できる。

2.2　日本語教育の観点から複合格助詞を記述した先行研究

　これまで日本語教育の観点からなされた複合格助詞に関する先行研究は文法参考書と文型辞典での記述がほとんどであり、市川(1997)、グループ・ジャマシイ(1998)、庵他(2001)、張(2001)などが挙げられる。

　例えば、市川(1997)は「にとって」と「として」や「に対して」との混同による誤用について分析を行い、学習者を指導する際の注意点にも触れたが、『日本語誤用例文小辞典』という書名からもわかるように、指導法とまで言えるような記述ではない。また、学習者の母語も考慮していない。

　張(2001)では中国語を母語とする学習者は母語の影響で(3)のような「に対して」、「に向かって」の過剰使用が産出されやすいと指摘している。

(3) a *結婚なんか人間に対して本当に幸せですか。(にとって)
　　 b *窓に対して座っている。(に向かって)
　　 c *研究計画に対して話し合った。(について)
　　 d *周りに向かって見渡す。(を)
　　 e *上司に向かってへつらう。(へ)

f ＊彼に向かって学ぶべき点は多い。（に）

　張（2001）は学習者の視点から複合格助詞を考察している点で大変示唆的であるが、ただの現象指摘に止まっており、誤用をなくす指導法は考察されていない。
　また、日本語教育の観点から単一複合格助詞の意味用法を記述したものが散見されるものの、解説にわかりにくい用語が用いられ、分類も煩雑すぎ、教育現場に持ち込みにくいという問題点が指摘できる。その一例として鈴木（2006）の考察を取り上げよう。
　鈴木（2006）では、「として」の意味用法を(4)のような六種類に分類している。

(4) a. 存在・行動のあり方の規定：ある一つの資格・立場・名目「B」を設定して、「A」というものの存在・行動を規定する。例：「私は留学生として日本に来た。」
　　b. 行為・行動・態度のあり方の規定：ある一つの資格・立場・役割・名目「C」を設定して、主体「A」の対象「B」に対する行為・行動・態度のあり方を規定し、意味づける。例：「外国語を道具として使いこなす。」
　　c. ある一つの側面からの価値づけ・意味づけ：ある一つの観点「B」を導入して、「A」に対し何らかの価値づけ・意味づけを行う。例：「京都は歴史の古い町として有名だ。」
　　d. 価値づけ・意味づけの観点を導入する文修飾副詞相当句：ある一つの観点「B」を導入して、「A」に対し何らかの価値づけ・意味づけを行う。Bというもののあるべき姿、あるはずの姿に照らして、Aを評価する。例：「努力し続けることは人間として当然のことだ。」
　　e. 行為・行動の規定・意味付け：ある一つの観点「B」を導入

することによって、主体「A」の「V」という行為・行動を規定し、意味付ける。例：「彼は仕事として雑誌に日本語の文章を書いている。」
f. 行為・行動の主体：ある一つの資格・立場・名目「A」を示して、主体「A」の行為・行動を規定し、意味づける。「A」は、行為・行動の主体であると同時に、その主体の資格・立場・名目を表す。例：「政府として、早急に対策を考えたい。」

　鈴木(2006)は、「として」の意味用法を詳細に考察している。しかし、鈴木(2006)の考察を教育現場に持ち込むと、その問題点として次の二点が指摘できる。一つは、「として」の意味用法に対する分類は煩雑で、教室でそれを提示するのは冗長であり、学習者の記憶の負担が大きいため、日本語教育での活用が難しいことである。もう一つは、意味用法に対する解説がわかりにくいということである。例えば、「価値づけ・意味づけの観点を導入する文修飾副詞相当句」という専門的な用語を用いられた文は、学習者にとってなかなか理解しにくい。
　以上見てきたように、これまでの日本語教育の観点から複合格助詞に関する考察では本格的な指導法を議論する研究がなされていないことや中日対照研究、誤用研究と指導法研究が結びついた研究がなされていないという問題点が指摘できる。

2.3　中日対照の観点から複合格助詞を記述した先行研究

　中日対照の観点から複合格助詞を記述した先行研究としては馬(2002)、馬(2011)、裴(2011、2012)などが挙げられる。
　馬(2002)は中国語"対"のと日本語の「対して」、"关于"と「について」、"作为"と「として」、"対+N_1的+N_2"と「N_1に対するN_2」の対

応関係、馬(2011)は中国語の"対于"と日本語の「にとって」との対応関係を考察したものである。裴(2012)は中国語の介詞"対"と「に対して」、"向"と「に向かって」、「に向けて」、"給"と「のために」の対応関係を考察したものである。

これらの中日対照の観点で書かれた複合格助詞に関する記述は、その多くがまず両言語における両形式の意味用法を分類し、次にそれぞれの意味用法の対応関係を考察している。ここから2.2.2で見た個々の複合格助詞の先行研究と同じように、意味用法に関する分類が煩雑すぎることや、両言語における形式は必ず一対一、一対二などの関係にあるわけではないため、教育現場に直接持ち込みにくいという問題点が指摘できる。

3. 日本語教育文法の観点からみる複合格助詞研究

1.3では日本語教育文法を「学習者の母語や習得を考慮した、体系として文法記述を指す」と定義している。本節では、この定義から日本語の複合格助詞研究の現状を述べ、日本語教育文法の観点から複合格助詞を研究する必要性を述べる。

まず、日本語教育文法の対象者は「学習者」①である。これは本田・岩田・義永・渡部(2014:25)で指摘しているように、自分の行う研究がどういった人に対して役立つのかターゲットを明確にし、具体的にどう役立つのかを提案する研究が望まれている。これまでの複合格助詞は日本語教育のため(鈴木2006)、あるいは母語干渉による誤用分析(張2001)が行われてきたわけであるが、本田・岩田・義永・渡部(2014:25)が指摘している「どういった人に対して役立つのかターゲットを明確にされていない」という問題点

---

① 本論文の「学習者」は、日本語を母語としない学習者のことを指す。

が指摘できる。

　次に、日本語教育文法は「学習者の母語と習得を考慮した」文法記述である。2.1.3で見たように、「学習者の母語と習得(レベル)を考慮した記述を行うこと」は日本語教育文法研究において共通の認識となっている。これを日本語複合格助詞に合わせてみると、「学習者の母語と習得(レベル)」を考慮せず、「一律の文法」(野田2005)として行われている先行研究がほとんどである。日本語記述文法の視点からその認定基準や記述に関する記述はもちろん、個々の意味用法を記述している研究でも学習者の視点は考慮されていない。また、中国語を母語とする日本語学習者向けの日本語総合教材でも、複合格助詞に関する解説は母語話者と学習者を分別なく扱っており、日本語学的な考え方が貫かれている。例えば、一つの文法項目を提出する際、いくつかの意味用法を同時に提出し、一つの文法形式は一度しか取り扱われておらず、すべての教科書では大体同じような解説が与えられている「傾向性」が見られた。

　「学習者の母語と習得を考慮した文法記述」に関して、もう一つ指摘しておかなければならないのが「用語」に関する説明である。これについて、小林(2013：8)では、「日本語を学ぶ学習者は、言語学や日本語学の専門家ではない。たとえ母語に翻訳されていたとしても、専門用語を用いた文法説明を読んで理解し、自らの言語運用につなげていくことは、大きな負担になる」と述べている。複合格助詞における研究の現状を見てみると、その意味用法或いは使用条件がわかりにくい用語で記述されており、日本語教育の現場に応用しにくいという問題点などが指摘できる。例えば、森川(2006)は「xにとって、AはB」の使用条件について以下のように述べている。

　　　xという受け手をわざわざ想定し、それを基準としたAの解

釈を示す意義が見出せない場合、「にとって」文は成立しにくい。（森川 2006：14）

　第四章で後述するが、教材では「にとって」が初級段階で導入されている。初級日本語学習者にとっては森川（2006）の記述は理解しにくいと思われる。これは松田（2013：312）が指摘しているように、記述文法の研究成果の多くは商品に加工されない素材のままで終わっており、商品としての価値が示されていない。このように、学習者の母語と習得を考慮し、複合格助詞に関する解説を日本語教育現場に持ち込める形に再加工する必要性があると考える。
　最後に、日本語教育文法は「体系的」な記述を目指しているものである。すでに述べたように、日本語教育文法が学問分野として確立するためには、体系的な文法記述を行うことが目下の急務である。複合格助詞は日本語の文法体系においてどのような位置を占めるのか、そして複合格助詞自体がどのように体系的に捉えられるのかといった全体的な視点から考察を行う必要性がある。これまでの複合格助詞の研究にはこういった体系的な記述が欠けていると言える。
　複合格助詞研究もその対象と目的を明確にし、「学習者の母語や習得を考慮し、体系的な文法記述を行う」必要があると考える。
　以下、第三章では中国語を母語とする日本語学習者が中国語の介詞"対"とその関連形式"対＋アルファ"が日本語の複合格助詞「に対して」、「にとって」、「として」、「に向かって」、「について」とどのような対応関係があると理解しているのかを解明した上で、第二言語を習得する際に果たしている教材の役割を明らかにする。第四章から第七章までは日本語教育文法のこういった「学習者の視点」から、中国語を母語とする日本語学習者向けの複合格助詞「にとって」、「として（は）」、「について（は）」、「に対して」に関する教材開発を行う。

第三章

教材の第二言語習得における役割
―翻訳調査からみる中国語の介詞"対"及びその関連形式と対応する日本語の複合格助詞―

0. はじめに

　張（2001）は、中国語を母語とする日本語学習者が中国語の介詞"対"イコール日本語の複合格助詞「に対して」というイメージを持っているため、次のような誤用例が産出されると指摘している。

（1）　本は学者に対して一番の宝物です。（→にとって）
　　　书对学者来说是最珍贵的宝物。
（2）＊今西に対しては、しかし、その血がO型であることだけでも十分に満足だった。（→として）
　　　然而，对今西来说，仅仅是O型血这一点已经让她十分满足了。
（3）＊英子は鏡に対して化粧をしている。（→に向かって）
　　　英子对着镜子在化妆。
（4）＊人事の件に対して公表を待つしかありません。（→につ

いて)
　对于人事方面的变动，只能等公示结果。

　これらは、「にとって」、「として」、「に向かって」、「について」が使われるべきところに「に対して」が使われた誤用例であるが、誤用の原因を張（2001）は母語干渉に求めている。同様の指摘は沈（2009）にもある。沈（2009）では、上級学習者が書いた作文を資料に、本来そうあるべき形式を「に対して」に誤用した原因について、学習者における日本語の既習知識と母語の干渉に求めている。

　筆者は、母語干渉にもっぱら誤用の要因を求める見方に疑問を抱き、中国の北京市にあるA大学の日本語学科で日本語を学ぶ学生を対象に、中国語の介詞"対"とその関連形式"対+アルファ"①が用いられる文を日本語に翻訳させるアンケート調査をおこなった。すると、母語干渉だけでは説明できないことが分かってきた。学習者は教材で習ったとおりに、「に対して」、「にとって」、「として」、「に向かって」、「について」を使う傾向が見られたのである。

　本章の目的は、以上の観点から、中国語を母語とする日本語学習者が中国語の介詞"対"とその関連形式"対+アルファ"について、日本語の複合格助詞「に対して」、「にとって」、「として」、「に向かって」、「について」とどのような対応関係にあると理解しているのかを明らかにした上で、その理解において教材がどのような役割を果たしているかを明らかにすることにある。②

　第1節では先行研究について述べ、第2節ではアンケート調査の

---

　①　"対+アルファ"は、"対…来说"と"対着"を指す。
　②　「に対して」、「にとって」、「について」、「に向かって」、「として」を習得する際、母語の影響や既習知識の影響なども認められるが、本稿では主に教材との関連付けを考察する。

方法などについて述べ、第3節ではその調査結果を述べ、第4節では調査結果に対する考察を行う。そして、第5節では議論したことをまとめる。

1. 先行研究

　中国語を母語とする日本語学習者における「に対して」の誤用を論じたものとしては、先に取り上げた張(2001)と沈(2009)がある。
　張(2001：82)では、中国語を母語とする日本語学習者に見られる「に対して」の誤用のパターンについて、以下のようにまとめている。

　　Ⅰ.「にとって→に対して」型複合格助詞の誤用
　「にとって」に対応する中国語の表現も「に対して」に対応する中国語の表現も「対」か「対+アルファ」なので、同じ漢字表記を使う「に対して」のイメージが強いことから。
　　例：＊結婚なんか人間に対して本当に幸せですか？
　　（正：結婚なんか人間にとって本当に幸せですか？）
　　Ⅱ.「に向かって→に対して」型複合格助詞の誤用
　学習者の頭では中国語の「対」がイコール日本語の「に対して」となっており、「に向かって」の一部の用法が中国語の「対」に対応していることから。
　　例：＊窓に対して坐っている。（正：窓に向かって座っている。）
　　Ⅲ.「について→に対して」型複合格助詞の誤用
　学習者の頭では中国語の「対」がイコール日本語の「に対して」となっており、「について」の一部の用法が中国語の「対」に対応していること、さらに「について」の一部が「に対して」と

互いに置き換えられる関係にあることから。
 例：＊研究計画に対して話し合った。（正：研究計画について話し合った。）

また、張(2001：75-76)では「にとって」と意味が近い「として」の代わりに「に対して」を使った次のような誤用例も挙げられている。
 例：＊これは、市民生活の平和のためには喜ぶべきことだが、今西に対しては何となく物足りない。
（正：これは、市民生活の平和のためには喜ぶべきことだが、今西としては何となく物足りない。
張(2001)はこれらの誤用の原因を主に母語干渉に求めている。また、中国語を母語とする日本語学習者は「にとって」、「に向かって」、「について」、「として」を「に対して」に誤用しやすいと想定しているが、その誤用を起こす頻度までは論じていない。
沈(2009)は、1993年から2002年の10年間のあいだに一橋大学の上級レベルの授業に提出された中国語を母語とする日本語学習者の作文436編を対象に、「に対して」を含む文を197例抽出し、誤用を論じた。ここでは「に対して」の誤用例が「格助詞」への誤用19例、「複合格助詞」への誤用37例(「について/に関して」への誤用17例、「にとって」への誤用14例、「において」への誤用5例、「に向かって」への誤用1例)、「その他」への誤用42例という三つのグループに分けて考察され、その誤用の原因の一つとして張(2001)と同じように学習者の母語干渉が挙げられている。
沈(2009)は誤用の原因として、さらに「学習者の既習知識の影響」も指摘している。これについては明確な説明がないが、50頁に「学習者向けの文法書では、よく『に対して』を『動作行為態度感情の対象』として捉え、その意味用法をより分かりやすく理解するために、意味用法上に共通性ばかり強調され、使い分けについてあま

り言及されていないのが現状である」と書かれている。「学習者の既習知識の影響」とは、学習者は「に対して」と他の表現の使い分けが分からないということを指しているようである。

このように張(2001)と沈(2009)は「に対して」への誤用に注目し、その誤用の原因を考察したが、正用にまでは言及していない。

日中対照言語学の視点からの研究としては、馬(2002)、馬(2003)、劉・吉田(2004)、小野(2005)などが挙げられる。① 馬(2003)は、中国語の介詞"対"のカバーする範囲は広く、日本語の複合助詞「に対して」のみならず、「に向かって」、「にとって」などにも対応すると指摘しており、注目できる。

以上で見てきたように、中国語の介詞"対"と対応する日本語の表現については、次の2点が重要となる。一つ目は、張(2001)が指摘するように、学習者は中国語の介詞"対"イコール日本語の「に対して」という強いイメージを持っていることである。二つ目は、中国語の介詞"対"のカバーする範囲は日本語の複合格助詞「に対して」よりも広いという馬(2003)の指摘である。

2. 調査方法

中国語を母語とする日本語学習者が中国語の介詞"対"とその関連形式"対+アルファ"を日本語のどの複合格助詞に対応させているのかを見るために、中国北京市のA大学で日本語を学ぶ日本語学科の4年生32人を対象にアンケート調査をおこなった。このアンケートでは、中国語の"対"あるいは"対+アルファ"が用いられる文を

---

① 意味機能からの考察は仁田(1982)、砂川(1987)、森田・松木(1989)、塚本(1991)、日本語教育の視点からおこなった研究は水谷(1994)、庵他(2001)、市川(2007)などが挙げられる。

第三章　教材の第二言語習得における役割

8問、ダミー問題を14問、合わせて22問を日本語に翻訳させた。中国語の"対"あるいは"対+アルファ"が用いられる8文は、表1のとおりである。

表1. "対"か"対+アルファ"が用いられる中国語の原文及び日本語として適切な複合格助詞

調査順	調査文	日本語として適切な複合格助詞
1	这本书对我很重要。	にとって
4	这个问题对我来说太简单了。	にとって
11	对公司来说，当然希望把损失降到最低。	として
20	对他来说，不管多难都得坚强地走下去。	として
6	英子对着镜子在化妆。	に向かって
18	老人对着窗户坐着。	に向かって
7	请对这个课题进行说明。	について
17	请允许我对这件事发表一下自己的看法。	について

　表1からわかるように、アンケート調査では中国語の"対"あるいは"対+アルファ"と対応する日本語として適切な表現―「にとって」、「に向かって」、「について」、「として」が含まれる文をそれぞれ2問ずつ出している。1番と4番は中国語の"対"と"対……来说"が用いられているが、日本語として一番適切な表現は「にとって」である。11番と20番は中国語の"対……来说"が用いられているが、日本語として一番適切な表現は「として」である。6番と18番は中国語の"対着"が用いられているが、日本語として一番適切な表現は「に向かって」である。7番と17番は中国語の"対"が用いられているが、日本語として一番適切な表現は「について」である。

アンケート調査をおこなった大学では、1年生は《标准日语初级教程 上下册》、2年生は《标准日语中级教程 上下册》①(2003、北京大学出版社)を使っており、複合格助詞は《标准日语初级教程 上下册》と《标准日语中级教程 上册》に登場する。「に対して」、「にとって」、「として」、「に向かって」、「について」が教材にどのように現れるのか、その状況を示したのが表2である。

表2. 教材における複合格助詞の扱われ方(×は説明が与えられていないことを表す)

	に対して	にとって	として	に向かって	について
新出課	《中級教程》第2課	《初級教程》第33課	《初級教程》第29課	《中級教程》第6課	《初級教程》第12課
日本語の解説	Nを対象として；Nに	×	×	Nに対して；Nの方を向いて	×
中国語訳	对	对……来说	作为；以	朝(着)；对(着)	关于；就；有关
中国語の意味用法	×	×	资格，身份，名目	方向或対象	×

表2から次の3つのことが分かる。一つ目は、これらの複合格助詞「に対して」、「にとって」、「として」、「に向かって」、「について」の導入時期についてである。大体1学年の後期と2学年の前期に導入されている。二つ目は、これらの複合格助詞に中国語訳も与

---

① 表2では《标准日语初级教程》、《标准日语中级教程》をそれぞれ《初級教程》、《中級教程》と略称する。

えられていることである。三つ目は、教材に示された中国語と日本語の解説についてである。「に対して」、「にとって」、「について」には中国語の解説が与えられていないのに、「として」、「に向かって」には中国語の解説が与えられている。《标准日语中级教程》では、日本語の解説も与えられている。

3. 調査結果

本節ではアンケート調査の結果について論じる。ここでは調査項目の"対"あるいは"対+アルファ"が翻訳文ではどのように訳されているのかに注目し、翻訳文中の他の誤りは無視し、調査項目と対応する部分のみを対象とする。調査文にしたがい、「にとって」が日本語として適切な複合格助詞である1番と4番、「として」が日本語として適切な複合格助詞である11番と20番、「に向かって」が日本語として適切な複合格助詞である6番と18番、「について」が日本語として適切な複合格助詞である7番と17番の順に、他形式と共に使用頻度と使用率を見ていく。

まず、日本語として適切な複合格助詞が「にとって」である場合を表3に示す。

表3. 日本語として適切な複合格助詞が「にとって」である場合の使用頻度と使用率

	にとって	に対して	に	は	には
1	29(90.6%)	2(6.3%)	1(3.1%)		
4	29(90.6%)			2(6.3%)	1(3.1%)

表3から次の2点が分かる。一つ目は「にとって」の使用率が高い

ことである。二つ目は「にとって」を「に対して」に誤用する率が低いことである。

次に、日本語として適切な複合格助詞が「として」である場合を表4に示す。

表4. 日本語として適切な複合格助詞が「として」である場合の使用頻度と使用率

	として	に対して	にとって	は	が	には	から
11	1(3.1%)	4(12.5%)	18(56.3%)	1(3.1%)	3(9.3%)	3(9.3%)	2(6.3%)
20	0	0	30(93.8%)	2(6.3%)			

表4から次の3点が分かる。一つ目は、「として」の使用率が低いことである。二つ目は、「として」を「に対して」に誤用する率は低いことである。三つ目は、「として」を「にとって」に誤用する率はかなり高いことである。

さらに、日本語として適切な複合格助詞が「に向かって」である場合を表5に示す。

表5. 日本語として適切な複合格助詞が「に向かって」である場合の使用頻度と使用率

	に向かって	に対して	に/を向いて	に映して	の前で/に	を向かって	に向けて
6	15(46.9%)	1(3.1%)	8(25%)	3(9.3%)	4(12.5%)		1(3.1%)
18	21(65.7%)		10(31%)			1(3.1%)	

表5から次の3点が分かる。一つ目は、「に向かって」の使用率がこれらの答えの中で一番高いことである。二つ目は、「に向かって」を「に対して」に誤用する率が低いことである。三つ目は、「に向かって」を「に/を向いて」に誤用する率が高いことである。

最後に、日本語として適切な複合格助詞が「について」である場合を表6に示す。

表6. 日本語として適切な複合格助詞が「について」である場合の使用頻度と使用率

	について	に対して	に	を
7	26(81.3%)	2(6.3%)		4(12.5%)
17	26(81.3%)	5(15.6%)	1(3.1%)	

表6から次の2点が分かる。一つ目は、「について」の使用率が高いことである。二つ目は、「について」を「に対して」に誤用する率はそれほど高くないものの、「にとって」、「に向かって」、「として」を「に対して」に誤用する率と比べるとやや高いことである。

表3から表6をまとめると、次の三つが明らかになる。一つ目は、"対"あるいは"対+アルファ"を用いた文において「に対して」の使用率がそれほど高くはないことである。学習者は中国語の介詞"対"を日本語の複合格助詞「に対して」のみならず、「に向かって」、「にとって」、「について」、「として」などにも対応させている。二つ目は、「にとって」、「に向かって」、「について」、「として」を「に対して」に誤用する率は低いことである。三つ目は、「として」を「にとって」に誤用する率はかなり高いことである。

4. 考察

　本節では第3節で明らかになった調査結果について考察する。
　第3節で他の複合格助詞を「に対して」に誤用する率が低いということを指摘した。これは、誤用の要因として、張(2001)や沈(2009)が指摘している母語の干渉がそれほど大きなものではない可能性を示唆している。また、「として」を「にとって」に誤用する率が高い(学習者は中国語の"対……来说"を日本語の「にとって」と対応させている)という点については、母語の干渉からは説明できそうになく、学習者が教材で習った通りに使っている可能性を想起させる。そのため、以下では教材における「にとって」、「として」、「に向かって」、「について」、「に対して」の解説とともに、上の調査結果を考察する。

4.1　「にとって」

　《标准日语中级教程》第33課(164頁)において、「にとって」の意味用法は次のように説明されている。①

> 「にとって」接在人物名词和表示机关，团体，机构等名词后，可译为"对……来说"(「にとって」は人名詞、組織名詞に後続する。中国語の"対……来说"と訳される。)

　4番は中国語の"对……来说"が用いられた例であるが、日本語の

---

　① 「にとって」、「として」、「に向かって」、「について」以外の答えも正答に成りうる。例えば、1番と4番は「には」、11番、20番は「が」、「は」、7番は「を」も正答に成りうる。これらの形式の議論は別稿に譲る。

「にとって」の使用率は90.6%であり、学習者は教科書で習った通り、中国語の"対……来说"を日本語の「にとって」に翻訳させているようである。

また、中国語の"対"が用いられる1番における「にとって」の使用率がかなり高い。これについては、中国語において"対……来说"を"対"に簡略させ、"这本书対我很重要"と"这本书対我来说很重要"の両方とも可能なことが関係しているのであろう。

4.2 「として」

《标准日语初级教程》第29課（139頁）において、「として」の意味用法は次のように説明されている。

> 体言+として：该句型表示某种资格，身份，名目等。相当于汉语的"作为……""以……"等。
> （ある資格や身分、名目などを表す。中国語の"作为……""以……"などと訳される。）

今回の調査では11番、20番は中国語の"対……来说"を用い、日本語の「として」の使用率はそれぞれ3.1%と0%、「にとって」への誤用率は56.3%、93.8%と、学習者は"対……来说"をほとんど日本語の「にとって」に対応させている。その要因としては、以下の二点が考えられる。

一つは、学習者の頭の中に教材が挙げている中国語の"対……来说"と日本語の「にとって」との対応関係がしっかり根付いていることが考えられる。確かに日本語の「にとって」はほとんどの場合、中国語の"対……来说"に訳せるが、中国語の"対……来说"は必ずしも日本語の「にとって」に対応するわけではない。このことを学習者は十分に理解しておらず、つい中国語の"対……来说"を日本

語の「にとって」と対応させてしまったと思われる。

　もう一つは、上に関連して、学習者が「として」の意味用法を教材で習った通り、中国語の"作为……""以……"に対応するものとして覚えているため、中国語の"対……来说"と日本語の「として」の対応関係が想起しにくいことが考えられる。

4.3　「に向かって」

　《标准日语中级教程》第6課(84頁)において、「に向かって」の意味用法は次のように説明されている。

>　「Nに向かって…」　意味：Nに対して…；Nの方を向いて…；
>　提示：该句型接在体言后，构成一个连用修饰成分，表示该动作的方向或对象。可译为"朝(着)……"，"対(着)……"等。
>　〔体言の後に接続し、用言に修飾する成分として、動作の方向や対象を表す。中国語の"朝(着)……"，"対(着)……"などと訳される。〕

　今回の調査では6番と18番は中国語の"対着"が用いられ、日本語の「に向かって」の使用率はそれぞれ46.9%、65.7%であり、学習者は教材で習った通り、中国語の"対着"を大体日本語の「に向かって」と対応させていることが窺える。

　ただし、今回の調査では「に向かって」が用いられるべきところに「を/に向いて」を使った誤用例(6番8例；18番10例)も見られた。それは教材に「に向かって」の日本語の解説として「を向いて」が与えられており、かつ「に向かって」と「を/に向いて」における語形上の類似性により、「に向かって」と「を/に向いて」を同一視させ、誤用を起こした可能性を示唆している。

　また、「に向かって」の意味解説のところに「に対して」という説

明も与えられているが、「に向かって」を「に対して」に誤用した例は少ない。これは、「に対して」は「に向かって」よりも先に「対象」の意味を持つものとして習っていること、そして教材や日常生活において「に対して」における「対象」を表す用法がよく出てくるため、誤用が起きにくいのであろう。

さらに、現在中国語を母語とする日本語学習者が広く使っている日本語の教材―《新编日语》(上海外语教育出版 1993)と《综合日语》(北京大学出版 2006)を分析してみると、「に向かって」を一つの文法項目として取り挙げているものは一つもない。張(2001)が指摘している「に向かって」を用いるべきところに「に対して」を使った誤用は、学習者が「に向かって」に関する知識がないため「に対して」で代用してしまう可能性が高いと考えられる。

4.4 「について」

《标准日语中级教程》第12課(120頁)において、「について」の意味用法は次のように説明されている。

> 「体言+について　該句型多与表示"听、说"等的动词呼应使用，如：「言う、話す、聞く、書く/調べる」等，译成汉语时经常使用"关于……"，"就……"，"有关"等字眼，有时需要灵活掌握。」
>
> (この文型は「聞く、話す」という動詞と共起しやすい。例えば、「言う、話す、聞く、書く/調べる」など。中国語の"关于……"，"就……"，"有关"と訳される。場合に応じて訳されることもある。)

今回の調査では7番と17番における「について」の使用率は、同

じく81.3%である。教材が与えている「について」の中国語訳"关于""就""有关"は書き言葉として用いられることが多いが、話し言葉としては"对"が用いられることが多い。学習者はこの"对"について、"关于""就"の意味を表していることを理解しているため、正しく使えるのであろう。

また、表6に指摘しているように、「について」を「に対して」に誤用する率は「にとって」、「に向かって」、「として」よりやや高い。これは「にとって」、「に向かって」、「として」と「に対して」が意味的に重なるところがないのに対し、「について」と「に対して」は意味用法上共通する部分を持っており、かつ教材では「について」と「に対して」の使い分けについての説明がないため、学習者にとっては難しいのであろう。

4.5 「に対して」

《标准日语初级教程》第2課(25頁)において、「に対して」の意味用法は次のように説明されている。

「Nに対して」　意味：Nを対象として；Nに；　提示：该句型中的体言"N"表示作用的对象，或评价，判断的对象，可译为"对……"等。
（体言「N」は作用の対象、或いは評価や判断の対象を表す。中国語の"对……"などと訳される。）

今回の調査では「にとって」、「に向かって」、「について」、「として」を「に対して」に誤用する例が見られた。4.2で指摘しているように、学習者は中国語の"对……来说"をほとんど「にとって」と対応させているので、ここでは「として」における「に対して」への誤

用は「にとって」における「に対して」への誤用と見なすことにする。また、「に向かって」を「に対して」に誤用した例は1例しか見られなかったので、本稿では考察外とする。

以下、「にとって」と「について」を「に対して」に誤用する要因について教材から考え得ることを探る。

まず、教材が与えている「に対して」の中国語訳"対……"の意味領域が広い上、「にとって」、「について」の中国語訳とある程度の関連も持っているため、混同を招いたと考えられる。

次に、教材では「に対して」を「評価や判断の対象を表す」という用語で説明しており、「にとって」と「について」もある種の「対象」の意味が読み取れるため、混同を招いたのであろう。例えば、教材では「にとって」の意味用法に解説は与えられていないが、与えている中国語訳の"対……来说"からは中国語において「~の立場から見れば」という意味が読み取れる。学習者はこの「~の立場から見れば」と「評価や判断の対象」を混同させる可能性が想起しうる。例えば

(6)＊私に対してこの本は大切です。(→にとって)

本当は「『私』から見ると、この本は大切です」という意味で、「にとって」が使われるべきだが、学習者はここの「私」を「この本は大切です」の「判断の対象」として捉え、誤用を産出したのであろう。

5. まとめ

本章では、中国語を母語とする日本語学習者が中国語の介詞"対"とその関連形式"対+アルファ"が日本語の複合格助詞「に対し

5. まとめ

て」、「にとって」、「として」、「に向かって」、「について」とどのような対応関係があると理解しているのかを解明した上で、誤用の原因を母語干渉だけで説明できないことに触れ、学習者は教材で習った通りに「に対して」、「にとって」、「として」、「に向かって」、「について」を使っている可能性を示し、第二言語を習得する際に果たしている教材の役割を明らかにした。

第四章

中国語を母語とする日本語学習者向けの「にとって」に関する教材開発

0. はじめに

「にとって」は初級段階で導入されている基本的な表現であるが、中国語を母語とする日本語学習者によって作られた不自然な文を目にすることが少なくない。

(1) a. ＊あるおじいさんはガンの末期になってしまった。普通の人にとって、きっとずいぶん悲しみに沈んでばかりいるに違いない。(は)　　　　　　　　　　　(華東)①
　　b. ＊自分の人生は自分で自由に選べなさそうです。私にとって、これからの人生はどう歩くか困っています。(は)
　　　　　　　　　　　　　　　　　　　　　　　　(華東)
　　c. ＊現代人にとって、毎日勉強だの仕事だのに追れて(→追

---

① 「華東」と「作文」は、それぞれ「華東政法大学作文コーパス」と「日本語学習者による日本語作文と、その母語訳との対訳データベースver. 2」を指す。

　　　　われて①)いて、本を読む暇がない。(は)　　　(華東)
　d. ＊私にとって禁煙運動が(→を)全力で支持します。(としては)　　　　　　　　　　　　　　　　　　　(作文)
　e. ＊彼にとって、どんなに難しくても最後まで頑張らなければならない。(としては)　　　(筆者が収集した例)

　これらは他の形式(「は」、「としては」②)が使われるべきところに「にとって」が使われた誤用例であり、「にとって」が動詞述語文に使われ、主体③として捉えている点で共通している。宮田(2009)は「XにとってAはB」におけるBの位置を占めるのは名詞・形容詞を基本とするが、不自然な例になりやすいのは形容詞であると指摘している。しかし、学習者は動詞述語文にも「にとって」の誤用例を多く産出している。
　中国語を母語とする日本語学習者向けの教材を分析してみると、そこには「にとって」に関する解説として先行名詞や中国語訳などが与えられているだけであり、基本的意味の提示が不十分だったり、与えられていなかったり、また「にとって」の使用条件④も提示

---

①　訂正は筆者による。以下も同様である。
②　(1a)、(1b)は「としては」が用いられない。一方、(1c)は一番自然なのは「は」だが、「としては」も使える。(1d)はもし「禁煙運動を全力で支持します」と変えれば、「は」も使えるようになる。(1e)は「は」も適格である。
③　先行研究では「Xにとって」という成分は「主語性のような必須成分として機能しにくい」(杉本2006)、「必須成分にならない」(宮田2009)や「主体になりえない」(藤城2005)とされている。「主語性のような必須成分」は曖昧で、「主語」であるかどうかが明示的に指摘されておらず、誤解を招く可能性があるため、本章は、藤城(2005)に従い、「主体」という用語を用いる。
④　先行研究では「構文的制約」(宮田2009)や「使用条件」(藤城2005、金2009)などとされている。本論文は学習者にとってわかりやすい「使用条件」を用いる。

されていない。

　文法的直観を持たない学習者にとって、一番頼りにするのは教材の解説ではないかと思われる。そこで、本章はコーパス調査で母語話者における「にとって」の使用実態と、教材における「にとって」の扱われ方の問題点を明らかにしたうえで、中国語を母語とする日本語学習者向けの「にとって」に関する教材開発を行うことを目的とする。

　第1節では、日本語母語話者コーパスを用い、日本語母語話者における「にとって」の使用実態をみる。第2節では中国語を母語とする日本語学習者向けの総合教材における「にとって」の扱われ方とその問題点を明らかにする。第3節では、「にとって」を指導する際に必要な項目を考察する。第4節では、中国語を母語とする日本語学習者向けの教材における「にとって」の扱い方を提案する。

1. コーパス調査

　『現代日本語書き言葉均衡コーパス』(BCCWJ)のオンラインツール「中納言」を利用し、長単位「名詞+にとって」①という方法で19722例「にとって」文を収集した。そのうち、連体用法を表す「にとっての」の用例1046例を除外した。連用修飾用法の「にとって」文18676例が分析対象となる。「にとって」の先行名詞の異なり数は7745であるが、全用例の上位25%を占める名詞は表1のとおりである。

---

①　検索方法：キー：品詞 LIKE "名詞%" AND 後方共起：語彙素 = "にとって" ON 1 WORDS FROM キー WITH OPTIONS unit="2" AND tglWords="50" AND limitToSelfSentence="1" AND endOfLine="CRLF" AND tglKugiri="" AND encoding="UTF-8" AND tglFixVariable="2"

表1.「にとって」の先行名詞(全用例の25％、上位28位)

人、自分、人間、子供(子ども)、子どもたち、日本、人々、もの、企業、女性、日本人、国、人たち、国民、男、会社、家族、患者、本人、親、女、消費者、方、二人、相手、男性、人類

　表1から「にとって」の先行名詞に人・組織名詞がきやすいことが分かる。また、異なり数が7745ある「にとって」の先行名詞のうち、表1で挙げている28の名詞が全用例19723例の上位25％を占めるという事実は、「にとって」の先行名詞が表1で挙げている名詞にかなり集中していると言える。

　また、上述した方法で収集した「にとって」文について、その後ろにくる述語はexcelで直接処理できないため、目でチェックすることにした。しかし、BCCWJ から取りだした「にとって」文は2万件近くもあり、すべてを目でチェックするのは不可能であるため、BCCWJのコアデータ(UniDic1.3.12による形態素解析結果に人手による修正を施して精度99％以上とした、Yahoo 知恵袋、白書、書籍、新聞の4ジャンルの書き言葉を収録した文量合計934655 語があるデータ)を利用し、そこから「にとって」の用例を217例収集した。そのうち、連体用法を表す「にとっての」文9例を除外し、208例「にとって」文を分析対象とした。表2は「にとって」の後ろにくる述語の品詞別内訳を示している。

表2.「にとって」の後ろにくる述語の品詞

名詞	形容詞	動詞	合計
141	42	25	208

表2から「にとって」の後ろには名詞や形容詞述語がきやすいことがわかる。なお、動詞の例は「今オフが、松井にとって人生最大の決断となる」のような名詞・形容詞述語文にパラフレーズしうるものがほとんどである。

2. 教材における「にとって」の扱われ方とその問題点

中国国内で広く使われている日本語の総合教材では、「にとって」は次のように扱われている。

 《新編》：「体言+にとって」、表示叙述的事項是対該体言而言的。相当于"対……来说"。(「体言+にとって」という形で、後に叙述する事項がこの体言に対しての意味を表す。中国語の"対……来说"に相当する。)
 《综合》：这个句式大多接在指人名词的后面、表示从该人物〈或事情〉的角度、立场来评价某事物。相当于汉语的"対……来说"。〔この文型の多くはヒト名詞に接続し、この人(あるいはデキゴト)の角度・立場からある物事を評価する意味を表す。中国語の"対……来说"に相当する。〕
 《标准》：接在人物名词和表示机关、团体、机构等名词后、可译成"対……来说"。(ヒト名詞や組織名詞に接続し、中国語の"対……来说"に訳せる。)

以上の教材における「にとって」の扱われ方をまとめると、表3になる。

2. 教材における「にとって」の扱われ方とその問題点

表3. 教材における「にとって」の扱われ方(「×」は説明が与えられていないことを表す)

	新出課	先行名詞	意味解説	中国語訳
《新編》	第1冊第19課	×	後述する事項がこの体言に対しての意味を表す	"対……来说"
《综合》	第2冊第16課	ヒト名詞	ヒト名詞に接続し、このヒト（デキゴト）の角度・立場からある物事を評価する	"対……来说"
《标准》	初級下冊第33課	ヒト・組織名詞	×	"対……来说"

　表3から次の二点が明らかになる。一つ目は、すべての教材で「にとって」が初級段階で導入されている点である。二つ目は、すべての教材で「にとって」の中国語訳に"対……来说"が与えられている点である。

　問題点としては、以下の三点が挙げられる。一つ目は「にとって」句の先行名詞や基本的意味の解説が不十分だったり、与えられていなかったり、誤用を招きやすい点である。例えば、《新編》では「にとって」句の先行名詞、後ろにくる述語が与えられておらず、意味解説は「表示叙述的事项是对该体言而言的」というわかりにくい用語で説明されている。《标准》をみても「にとって」の意味解説は与えられておらず、学習者は「にとって」を理解する際には、結局中国語訳の"対……来说"を頼るしかない。《综合》では「にとって」の先行名詞にデキゴトがくるとしているが、3.1でみるように、「にとって」がデキゴトと共起する場合はごく限られており、学習者の誤解を招きやすい。また、すべての教材で「にとって」句の述語に関する解説が与えられていない。

二つ目は、日本語の「にとって」とその中国語訳の"対……来说"とのずれが説明されていない点である。日本語の「にとって」はほとんど中国語の"対……来说"に対応しているが、中国語の"対……来说"は必ずしも日本語の「にとって」に対応していない。例えば、冒頭で挙げた(1e)①では中国語の"対……来说"は使えるが、日本語の「にとって」は使えない。教材でこのようなずれが説明されていなければ、学習者はこの両者を同一視させてしまう可能性がある。

三つ目は、すべての教材で「にとって」の使用条件が提示されていない点である。使用条件に関して、白川(2002：67)は「どういう場面に使うのか」を過不足なく説明するには、同時に「どういう場面には言えないのか」と言うこと、すなわち、言えてもよさそうだけれども実際は言えない場合についても先回りして説明し、誤用・非用を封じ込めることが必要であると指摘している。

文法項目を提示する際、それが使われる文型や基本的意味の他に、使用条件を提示する必要もある。また、中国語を母語とする日本語学習者向けの初級教材では対応する適切な中国語訳を与える必要もあると思われる。

次に、第3節において「にとって」を指導する際に必要な項目として、「にとって」が使われる文型、基本的意味、使用条件、中国語訳という順にそれぞれを見ていく。

3.「にとって」の指導上必要な項目

3.1 「にとって」が使われる文型

中国語を母語とする日本語学習者の作文から、次のような誤用例

---

① (1e)の中国語訳は「<u>対</u>他<u>来说</u>，不管多么艰难都得走下去」である。

が産出されている。

(2) a. ＊おもしろい風習にとって大切にすべき(だ)と思います。

（華東）

b. ＊ほとんどの仕事にとって、英語を使う場所が多い。

（華東）

　これらは、「にとって」を「風習」や「仕事」のような抽象的名詞に接続して起きた誤用例である。

　「にとって」文は、「XにとってAはB」という構造を持つとされている（森田・松木1989、宮田2009）。以下、それぞれX、A、Bの位置にくる成分を見てみよう。

　「X」の位置には「ヒト名詞・組織名詞」がくるとするのが一般的な指摘である。（グループ・ジャマシイ1998、宮田2009）。これらの指摘は表1でみたコーパス調査の考察結果と合致している。

　「A」は助詞「は」の前にくるため、名詞性成分となる。

　宮田（2009：37）では「『B』には名詞・形容詞述語文の形をとるのが基本である（中略）。動詞の例は、名詞・形容詞述語文にパラフレーズしうるものであるか、破格の表現であるかのいずれかである」と指摘している。これは第1節でBCCWJからみた考察結果と合っている。また、金（2009：106）は母語話者と学習者の使用例①における「にとって」の使用及び誤用②を比較し、母語話者は「B」に動

---

　① 母語話者と学習者の使用例は、それぞれ「日本語学習者による日本語作文と、その母語訳との対訳データベースver. 2」に収録されている作文データと日本語学習者の作文データと母語話者の作文データ及び朝日新聞記事データベースによる。

　② 母語話者における動詞の使用率は8.6％で、学習者における動詞の使用率と誤用率はそれぞれ29.％、92.6％である。

詞の使用が少ないのに対し、学習者は動詞の使用が母語話者より多い一方、そのほとんどが誤用になっていると指摘している。従って、本章は宮田（2009）に従い、学習者に提示する際、「B」には動詞述語を提示せず、名詞や形容詞がくるとする。

以上をまとめると、「XにとってAはB」におけるX、A、Bはそれぞれ「X＝ヒト名詞・組織名詞；A＝名詞性成分；B＝名詞・形容詞」となる。Bには名詞と形容詞がくるので、「にとって」が使われる文型はさらに「Xにとって、AはBだ」とまとめられる。

3.2 「にとって」の基本的意味

3.2.1 「にとって」の意味用法に関する先行研究

「にとって」の意味用法に関する先行研究としては森田・松木（1989）、庵他（2001）、宮田（2009）、藤城（2005）などが挙げられる。

森田・松木（1989：5）では「判断や評価を成立させる立場・視点を示す表現」、庵他（2001：45）では「価値判断・評価を行う立場を表します」、グループ・ジャマシイ（1998：447）では「『その立場から見れば』という意味を表す」としている。しかし、このような「立場・視点」という説明では、「＊その案は私にとって反対です」のような誤用例を作ってしまう可能性がある。この場合、「私」という「立場」から「その案は反対です」という判断をしているにも関わらず、非文になる。

このような問題点を解決するために、宮田（2009：40-42）は「にとって」の基本的意味を「少なくともXの場合は、『AはBだ』と言える」としている。また、「少なくともXの場合は」という留保をつける必要がある場合とは、判断「AはBだ」がX以外にも適用されうるような一般性を備えたものであると指摘している。この点を、「納

豆は嫌いだ」や「その案は反対だ」のような個々の経験者Xを超えた一般性を持たない文が「にとって」句として不適格であるという例の説明に用いている。

　しかし、非母語話者、特に初級段階の日本語学習者にとって、基本的意味からそこまでの意味を理解させるのはむずかしいであろう。特に教育現場では論証の過程を記述するのは無理であるため、このまま考察の結果のみを教材に持ち込むと、かえって誤解を招く可能性がある。例えば、「＊中国人にとって、納豆が嫌いです」という文は宮田（2009）が指摘している「にとって」の基本的意味に従えば、学習者は「他の国の人はわからないですが、少なくとも中国人の場合、納豆が嫌いです」と理解してしまう可能性も十分想定しうる。

　藤城（2005：38）では「x①にとって、AはB」におけるx、A、Bは、「xを受け手と想定して、Aを解釈すると、Bである」という関係にある。（中略）なお、「受け手」とは、「解釈をする際の基準となるもの」と説明されている。

　藤城（2005）の「xを受け手と想定して、Aを解釈すると、Bである」という説明をそのまま教材に持ち込めば、文を理解する上で難しいであろう。

(3) a. 参加するなら妊娠している事は伝えた方が、一緒に作業する人にとっても良いです。
　　b. 八十に近い老人にとって、千駄谷までの道は遠かった。

　(3a)、(3b)はそれぞれ一緒に作業する人を受け手と想定して、

---

　① 藤城（2005）や金（2009）で使われている小文字「x」は本論文の「X」に相当する。

「妊娠している事」を解釈すると、「伝えた方が良いです」、八十に近い老人を受け手と想定して、「千駄谷までの道」を解釈すると、「遠かった」となり、文の意味がわかりにくくなる。

また、藤城(2005)では「受け手」を「解釈をする際の基準となるもの」と捉えているが、この捉え方は理解しにくく、かえって学習者の誤解を招く可能性があるため、「xにとって」における「x」を「主体」に対する「受け手」と捉えるほうが学習者にとってわかりやすいと思われる。

3.2.2 「にとって」の基本的意味に関する本書の立場

初級日本語学習者向けの教材では文法解説はわかりやすく、誤解をさせないという指針に立ち、「にとって」の基本的意味を次のように捉える。

「にとって」の基本的意味：
「XにとってAはBだ」という構造を持ち、「Xの立場から見れば、『AはBだ』という判断・評価を話し手が行う」

「AはBだ」という判断を下すのは、三井(2001：23)や宮田(2009：40)が指摘する通り、Xではなく話し手である。

(4) a. 毎日の遊びそのものが、成長のための栄養分です。子ども<u>にとって</u>は目にするもの、手にするもの、耳にするものすべてが新しい経験です。
　　b. 女性<u>にとって</u>、バランスのとれた栄養を取ることは重要です。

(4a)の「すべてが新しい経験です」、(4b)の「バランスのとれた栄養を取ることは重要です」という判断を下したのは話し手である。それぞれ「子供の立場から見れば、目にするもの、手にするも

の、耳にするものすべてが新しい経験だ」、「女性の立場から見れば、バランスのとれた栄養を取ることは重要です」という判断を「話し手」が下しているという意味を表している。

　ただ、「Xにとって」のXのところに第一人称の「私」がくる場合、「にとって」句の判断主体は話し手の「私」と重なり、同じく「私」となる。

　　(5) その切符は、すでに雑文を書きはじめていた私にとって、五
　　　　枚分の原稿料と同額だった。

　(5)の判断主体は「私」であり、「私の立場から見れば、その切符は五枚分の原稿料と同額だった」という意味を表している。
　また、金(2009：108)は学習者が「xにとって」における「x」を「主体」と捉えている誤用例が多いと指摘している。宮田(2009：42)もXを必須成分とし、「XはA{が/に}B」という文型をとる述語がBの場合、「Xにとって、AはBだ」は使いにくいと述べている。

　　(6)①a.　＊私にとって普通は親類と友達にハリラヤのカードを出
　　　　　　します。(金2009：108)
　　　　b.　＊マレー人にとってハリラヤお祝いをするためにいろい
　　　　　　ろな準備をします。(金2009：112)
　　　　c.　＊中国人にとって、納豆は嫌いです。(宮田2009：41)

　冒頭で挙げた中国語を母語とする日本語学習者が産出している誤用例は動詞述語文に用い、「X」を「主体」として捉えている点で共

---

　　①　出典が明記された例文の番号は、本章に従って書いている。なお、下線は筆者による。以下の章も同様である。

通している。例えば、(1a)、(1b)ではそれぞれ、「普通の人」と「私」を「悲しみに沈んでいる」、「歩く」の主体として捉えている。このような誤用を避けるために、また、2.2.1で指摘している「にとって」を「立場・視点」から捉えている先行研究の不足を埋めるために、「Xにとって」を指導する際、「X」は「主体」ではなく、「受け手」であることを提示する。

以上、「にとって」の基本的意味をまとめると、次のようになる。「Xにとって、AはBだ」という文型に用い、Xの立場から見れば、「AはBだ」という判断・評価を話し手が行うという意味を表す。「X」は「主体」ではなく、「受け手」である。

3.3 「にとって」の使用条件

3.3.1 「にとって」の使用条件に関する先行研究

「にとって」の使用条件に関しては、その後ろにくる述部と「XとA」の密接さという面からの記述が多い。以下、詳しく見る。

3.3.1.1 「にとって」の後ろにくる述部を記述したもの

a. 可能・不可能を表す表現や、「難しい」、「有り難い」、「深刻だ」など、評価を表す表現が続く。「賛成」、「反対」、「感謝する」などの態度表明にかかわる表現は用いることができない。（グループ・ジャマシイ1998：447）

b. 「重要だ、大切だ、簡単だ」のような価値判断を表す形容詞の他、「一生の宝物だ、かけがえのない人だ、ささいなことだ、命の恩人だ」など価値判断を含む「名詞+だ」がくる。「美しい、汚い、貴重だ、有名だ」など客観的な状態を表す表現が述語にくることはありません。（庵他2001：45-46）

c. 「好きだ」、「嫌いだ」、「反対だ」、「夢中だ」のように経験者格「Xは(が)」を必須成分とする述語では、「にとって」を持ち込

む必要はない。(宮田 2009：42)

(7) a. ＊その案は私にとって反対です。(グループ・ジャマシイ 1998：447)
　　b. ＊彼女は私にとって有名だ。(庵他 2001：46)
　　c. ＊中国人にとって、納豆は嫌いだ。(宮田 2009：36)

　これらは「にとって」の後ろにくる述語に関する記述のみであり、「にとって」句全体の使用条件を包括的に説明していないという問題点が指摘できる。
　また、文のレベルから「にとって」の適格性を述べている先行研究としては藤城(2005)、森川(2006)が挙げられる。藤城(2005：48)はxという受け手をわざわざ想定し、それを基準としたAの解釈を示す意義が見出せない場合、「にとって」文は成立しにくく、森川(2006：14)は自明な事実の叙述は「にとって」文にはなじまないと説明している。

(8) ＊私にとって、この部屋は摂氏 38 度もある。(森川 2006：14)

　藤城(2005)、森川(2006)は「にとって」の使用条件の一側面を述べているため、その全体像は見えない。

3.3.1.2　「X」と「A」の密接さ

　「X」と「A」の関係について、森川(2006：11)は「『にとって』句内のNP1と、叙述対象となるNP2①とが物理的ないし心理的に至近距

---

① 森川(2006：11)で指摘している「NP1」、「NP2」はそれぞれ本論文の「X」と「A」に相当する。

離にあること、言い換えれば、NP1がNP2に深くコミットする関係にあることも、『にとって』文の適格性を成立させる条件として存在する」と述べている。

(9) a. 〈状況設定：山田さんは2DKに家族5人で住んでいる。〉
　　　＊わたしにとって、山田さんの家は狭い。
　　b. 〈状況設定：その山田家に私は居候することになった。〉
　　　〇わたしにとって、山田さんの家は狭い。（森川 2006：10）

しかし、「XとAの近さ」については、宮田（2009：38）が指摘しているように、その判定基準は難しいため、言語外の知識に求めるしかない。

3.3.2　「にとって」の使用条件に関する本書の立場

3.2.2では「にとって」の基本的意味をXの立場から見れば、「AはBだ」という判断・評価を話し手が行う（X＝受け手）と捉えている。本書は「にとって」のこの基本的意味から、「にとって」の使用条件を統一的に説明する。

3.3.2.1　判断・評価を行う必要がある文に使う①

「にとって」は「判断・評価」を表す表現として、「判断や評価を行う」必要がある文に使う。

3.3.1.1で挙げた態度表明にかかわる表現や「好き嫌い」などはあくまでも個人的な意見や心理的感覚などを述べているため、「判断

---

　① 「判断を行う必要がある」とは、「判断を行う意義が見出せる」という意味で使われている。学習者向けの文法としては、わかりやすい用語で説明するのが理解しやすいので、本論文では「判断を行う必要がある」とする。

を行う」過程は想定しにくいであろう。同じく森川(2006)が指摘している自明な事実の叙述は「判断を行う」必要がないため、「にとって」句として不適格である。また、藤城(2005)、金(2009)が指摘している「xという受け手をわざわざ想定し、それを基準としたAの解釈を示す意義が見出せない場合」は、言い換えれば「判断を行う」必要がないと言ってもよい。

(10) ＊(結婚式の紹介)食事にとって、タイ料理も中華料理も洋食もある。(金2009：109)

金(2009)は(10)の場合、意味づけ・位置づけを行う意義が見出せないため、「にとって」が使えないと指摘している。しかし、この文はただの事実(現象)を述べているだけで、「判断を行う」必要がなく、「判断・評価」を表す「にとって」文としては不適格であるためと思われる。

3.3.2.2 「X」と「A」の関係

森川(2006)が指摘するXとAの密接さについては、論理的に考えれば、「判断を行う」のであれば、両者が全く関係がないこととは想定しにくいであろう。「判断」を行うには、XとAがある関わりを持っていると話し手が捉えることが前提となる。

(11)a. ＊私にとって、カンボジアを今後もっとよい国にするためには今外国の援助はまだ必要だ。(金2009：109)
    b. 預金者にとっても、金融機関は身近なものですが。

(11a)における「外国の援助」は「私」と直接関わりのある事柄とは想定しにくいため、「にとって」文と共起しにくいと金(2009：109)よって指摘されている。一方、(11b)では「預金者」は「金融機関」と

ある関わりを持っているのが容易に想定できるため、「にとって」が用いられる。

ただ、2.3.1.2で述べたように、「X」と「A」の近さに関わる判定基準は難しいため、本書ではとりあえず学習者に「X」と「A」をある関わりを持っている関係にあると提示する。

3.3.2.3 まとめ

「にとって」の使用条件として次の二点を挙げる。一つは、「判断や評価を行う」必要がある文に使うことである。もう一つは、「X」と「A」がある関わりを持っている関係にあると想定しうることである。

3.4 「にとって」の中国語訳

中国語を母語とする日本語学習者向けの教材では、「にとって」の中国語訳を"対……来说"としている。謝(2013a)は学習者に中国語の"対……来说"文を日本語に訳させるというアンケートを行い、学習者が中国語の"対……来说"をほとんど日本語の「にとって」と対応させている点から、学習者が教材で習った通りに「にとって」を使っている可能性があることを述べている。

呂(1980：157)では、「"対……来说。表示从某人、某事的角度来看。有时候也说'対于……来说'。"("対……来说"はある人、ある事の角度から見ることを表す。"対于……来说"を使用する場合もある」と指摘している。一方、グループ・ジャマシイ(1998：447)では、「にとって」について、多くは人や組織名詞を表す名詞を受けて、その「立場から見れば」という意味を表すと述べている。こう見れば、日本語の「にとって」は大体中国語の"対……来说"と対応しているように見える。しかし、第1節でみたように、(1e)のような中国語の"対……来说"が日本語の「にとって」と対応していない場合もある。

これについて、馬(2011：121)は中国語の"对于(对)……(来说)"は"会、得、希望"など「能力、義務、希望」を表す語や"或者是"など「選択」を表す語のような補助条件が備えれば、文の実質的な主体を示す場合がある。この場合、中国語の"对于(对)……(来说)"は、日本語の「にとって」に対応せず、「としては」などに対応すると述べている。

(12) a. 对于一个指挥员来说、起初会指挥小兵团、后来又会指挥大兵团。
　　　(＊戦闘指揮官にとって、最初は小部隊を指揮することが出来、後は大部隊を指揮することも出来るようになる。)
　　b. 对于公司来说、希望把损失压缩到最小的程度。
　　　(＊会社にとって、損失を少しでもカバーしたい。)
　　(馬 2011：121) [13]

　また、劉(2012：10)では、"对(对于)……(来说)"介引的成分是后面谓语性成分的主事论元成分、〔"对(对于)……(来说)"は後ろにくる述語の統語上の文の主語となる〕と述べている。

(13) 对于传统产业来说、面临如何向现代企业转型的问题。
　　(＊伝統産業にとって、いかに現代に適した事業に転換するのかという課題を抱えている。)

　(13)のような主体を表している"对(对于)……(来说)"文は馬(2011)が指摘している補助条件は備えていないが、「にとって」とも対応していない。また、これらの主体を表している"对(对于)……(来说)"文は述部に判断文がくることも要求していない。
　主体を表す"对(对于)……来说"文の使用条件は別稿に譲るが、

いずれにしても、"対(対于)……来说"文は主体を表す場合があることと述部に判断文を要求しないことが明らかになった。これに対して、日本語の「にとって」は「受け手」を表すため、「主体」にならない。また判断文のみに用いられるという点で中国語の"対(対于)……来说"と違っている。こういった両言語間のずれを教材が指摘していないため、中国語を母語とする日本語学習者は「にとって」を主体として使う誤用例を産出する傾向にあるのではないかと思われる。

4. 教材における「にとって」の扱い方に関する提案

以上の考察に基づいて、中国語を母語とする日本語学習者向けの総合教材における「にとって」の扱われ方を(14)のように提案する。

(14) Ⅰ.「XにとってAはBだ」という文型に用いる。
 Ⅱ. X=ヒト名詞・組織名詞、A=名詞性成分、B=名詞・形容詞。
 Ⅲ. 基本的意味：Xの立場から見れば、「AはBだ」という判断や評価を話し手が行う(X=受け手)。
 Ⅳ. 使用条件：①「AはBだ」という判断や評価を行う必要がある文に使う。②「X」と「A」がある関わりを持っている関係にあると想定しうる。
 Ⅴ. 日本語の「にとって」は大体中国語の"対……来说"と対応するが、次の2点で異なる：①日本語の「にとって」は主体にならないのに対し、中国語の"対……来说"は主体を表す場合もある。②「にとって」は判断文にしか使われないが、中国語の"対……来说"は判断文に限らず、他の文型にも使える。

例文としては、表1と表2を参考に、(15)のような五文を挙げる。

(15) a. 親にとって、子供は宝物だ。
　　 b. 女性にとって、バランスのとれた栄養を取ることは重要です。
　　 c. 人間にとって、食生活は大事なことだ。
　　 d. 預金者にとって、金融機関は身近なものです。
　　 e. 有能な人材は会社にとって貴重な存在だ。

第五章

中国語を母語とする日本語学習者向けの「として(は)」に関する教材開発

0. はじめに

「として」の意味に関しては、「資格・立場を表す」という記述(グループ・ジャマシイ1998、市川2007など)が共通している。

(1) a. 研究生<u>として</u>、この大学で勉強している。(グループ・ジャマシイ1998：337)
b. センターの代表<u>として</u>委員会に出席した。(市川2007：13)

「として」の意味用法をさらに再分類した先行研究としては、戴(1992)、鈴木(2006)などが挙げられる。戴(1992)は「として」の意味用法を「資格・立場」、「主題」、「解説」、「評価の基準」という四種類に分けて考察しているが、これらの意味用法の分類基準は考察していない。また、鈴木(2006)①では日本語教育の視点から「とし

---

① 鈴木(2006)は戴(1992)と視点が違うためか、戴(1992)は参照していない。

て」の意味用法を「存在・行動のあり方の規定」、「ある一つの側面からの価値付け・意味付け」など六種類①に分類しているが、日本語教育での活用を考える場合、教室でそれを提示するのは冗長であり、且つ意味用法に対する解説も学習者にとってわかりにくいと考えられる。

また、「として」と「としては」の関係に関する先行研究の記述は一致していない。例えば、(2)のような「としては」文では、裴(2005)は「判断主体を表す」、馬(2011)は「主語化の立場を表す」としており、「として」とは異なる用法を持つと主張している。一方、戴(1992)、高井(1999)などはこのような「としては」文を「として」の用法の一部としている。

(2) 外務省としては、かかる人的交流の拡大に対応し、査証制度の効率的かつ適正な運用に努めている。

「としては」の先行名詞をみても、(2)のような人・組織名詞がくる先行研究がほとんどであり、(3)のような人・組織名詞以外の名詞がくる先行研究はほとんどなされていない。

(3) a. 免責が認められる例としては、居眠り運転や、無理な追越しによって、センターラインをオーバーした自動車と衝突した対向車の場合などが考えられます。
 b. 人口七百万人の国というと、当時としては世界有数の国といえる。

---

① 詳しい論述は3.1に譲る。

第五章　中国語を母語とする日本語学習者向けの「として(は)」に関する教材開発

　このように先行研究からは、「として」の意味用法に関する記述をそのまま教育現場に持ち込むことが難しいこと、また、「としては」との関係に関する記述が一致していないといった問題点が挙げられる。そこで、本章は日本語学習者の視点から「として」、「としては」の意味用法を再分類し、「として」と「としては」との関係を解明し、中国語を母語とする日本語学習者向けの「として」、「としては」に関する教材開発を行うことを目的とする。

　以下、第1節では、日本語母語話者コーパス調査を行い、日本語母語話者における「として」、「としては」の使用実態をみる。第2節では、中国国内で広く使われる中国語を母語とする日本語学習者向けの総合教材における「として」の扱われ方、及びその問題点を明らかにする。第3節では、「として(は)」を指導する際に必要な項目を検討する。第4節では、中国語を母語とする日本語学習者向けの教材における「として(は)」の扱い方を提案する。

1. コーパス調査

1.1　BCCWJにおける「として」と「としては」の出現数

　『現代日本語書き言葉均衡コーパス』のオンライン検索ツール「中納言」を利用し、長単位「名詞+として」①という方法で「として」の用例を136636例収集した。そのうち、連体用法を表す「としての」

---

　①　検索方法:キー: 品詞 LIKE "名詞%" AND 後方共起: 語彙素 = "として" ON 1 WORDS FROM キー WITH OPTIONS unit="2" AND tglWords="20" AND limitToSelfSentence="0" AND endOfLine="CRLF" AND tglKugiri="|" AND encoding="UTF-8" AND tglFixVariable="2"

文 11646 例を除外した、105823 例①の「として」、15428 例の「としては」文を分析対象とした。

1.2 「として」、「としては」の先行名詞と後ろにくる動詞

本書は「として」の先行名詞を「人・組織名詞」と「人・組織名詞以外の名詞」に分類し、さらに「名詞+として」全体で副詞的な機能を果たしているかどうかによって、「人・組織名詞以外の名詞」を「その他の名詞①」と「その他の名詞②」②に分けた。「として」の例 105823、「としては」の例 15428 の先行名詞から、それぞれ上位 25%を占める名詞を表1と表2に示す。

表1.「として」の先行名詞（全用例の上位 25%）

分類	名詞	名詞の異なり個数(計 68)	全用例の占有率
人・組織名詞	人間、一人、一員、者、国、人、政府、代表、女、親、男、個人、女性、機関、子、日本人	16	3.7%

---

① excelのピボットテーブルを利用してデータを分析する際、行の揺れ違いや空白の文 3738 例を除外した。105823 例「として」文を最終的な分析対象とした。
② 「その他の名詞①」と「その他の名詞②」を分ける理由は、「その他の名詞②+として」は全体で副詞的な機能を果たしており、「その他の名詞①+として」とは違う意味を表しているからである。「として(は)の前にくる三種類に分類した名詞の例を、それぞれ挙げると、以下のようになる。a.「人・組織名詞」：上田眞吾は、千九百三十年に雅号を「神護」とした。その後、個展で作品発表をしながら、自由きままな画人として暮らした。b.「その他の名詞①」：一年を通じてもっともチョコレートが売れる時期だが、ここ数年の傾向として高級志向が強まり、チョコレートの売れ方に変化が訪れているという。c.「その他の名詞②」：予算の執行率は、それぞれ七十八％、八十八％で、全体として在宅の方が予算が余ったようです。

续表

分類	名詞	名詞の異なり個数(計68)	全用例の占有率
その他の名詞①	もの、結果、一環、問題、一つ(ひとつ)、理由、こと、手段、場、前提、例(一例)、方法、一部、課題、原因、対象、存在、基準、条件、特徴、基礎、背景、拠点、目的、契機、事実、要因、言葉、目標、制度、気持ち、対策、証拠、資料、事業、原則、事業、指標、例外、商品、単位、道具、措置、モデル、根拠	47	17.9%
その他の名詞②	主、別、可能性、全体、当為	5	3.4%

表2.「としては」の先行名詞(全用例の上位25%)

分類	名詞	名詞の異なり個数(計50)	全用例の占有率
人・組織名詞	政府、国、自分、日本、文部省、親、会社、側、者、身、人間、方、男、企業、通産省、運輸省、外務省、個人	18	7.1%
その他の名詞①	もの、方法、理由、例、要因、原因、特徴、結果、問題、背景、内容、考え方、結論、対策、傾向、立場、一般論、手段、制度、形、対象、症状、種類、目安、対応、気持ち、原則、こと	28	14.2%
その他の名詞②	全体、当時、可能性、イメージ	4	3.7%

表1、表2から次の四点がわかる。

一つ目は、「として」、「としては」と共起する名詞はほぼ一緒であることである。つまり、「として」と共起しうる名詞はほぼ「としては」とも共起しうる。

二つ目は、「として」、「としては」と共起する名詞の頻度は共に「その他の名詞①」>「人・組織名詞」>「その他の名詞②」という順であることである。そのうち、「その他の名詞①」と共起する頻度が一番高く、「人・組織名詞」、「その他の名詞②」の倍以上となっている。

三つ目は、先行研究がしばしば指摘する「人・組織名詞」との共起頻度はそれほど高くはなく、先行研究があまり指摘していない「その他の名詞②」と共起する用例が多く出てくることである。

四つ目は、「として」と比べると、「としては」は「人・組織名詞」との共起が多く、「その他の名詞①」との共起が少ないことである。

次に、「として」、「としては」の後ろにくる述部を見る。「としては」は文全体とかかる場合が多く、コーパスからその後ろにくる述部を見るのは難しいため、「として」の後ろにくる述部だけを見ることにする。また、「として」の後ろにくる述部は主に動詞と形容詞がくるが、BCCWJを利用し、「として+形容詞」で検索してみると、(4)のような「として」の直後にくる形容詞は「Xとして」を修飾していない用例が数多くあり、excelでは処理しにくいため、「として」と共起する動詞だけを見ることにする。「中納言」を利用し、長単位「として+動詞」①という方法で41804例「として」文を収集して

---

① 検索方法：キー：品詞 LIKE "動詞%" AND 前方共起：語彙素 = "として" ON 1 WORDS FROM キー WITH OPTIONS unit = "2" AND tglWords = "20" AND limitToSelfSentence = "0" AND endOfLine = "CRLF" AND tglKugiri = "|" AND encoding = "UTF-8" AND tglFixVariable = "2"

分析した結果、その上位60位を占めた動詞を表3に示す。

(4) a. しかし〈will have+過去分詞〉は重い感じがし、精選した正確な文体では用いられますが、堅苦しいので口語では避けられています。実際には口語では未来形が代用<u>として多く</u>使われます。
　　b. この中に登場する造語「ロボット」はその後世界中に広まり、現在では一般的な名詞<u>として広く</u>用いられています。

表3.「として」の後ろにくる動詞(全用例の50％、上位95位)

使う、知る、捕らえる、考える、用いる、扱う、利用する、認める、行う、働く、使用する、位置付ける、上げる、見る、活躍する、生まれる、残る、取り扱う、機能する、存在する、生きる、現われる、取り上げる、登場する、出る、遣る、注目する、活用する、描く、認識する、作る、処理する、受け入れる、指定する、参加する、定着する、採用する、持つ、活動する、出す、成立する、受け止める、発展する、栄える、残す、有る、理解する、実施する、期待する、使える、選ぶ、定める、示す、書く、計上する、掲げる、評価する、与える、育てる、受け取る、計算する、設定する、登録する、保存する、提供する、迎える、確立する、語る、取り組む、展開する、整備する、纏める、入る、成長する、設置する、読む、売る、表示する、把握する、言う、祭る、紹介する、立てる、開発する、表わす、利用できる、表現する、作用する、認定する、支払う、伝える、独立する、成功する、行く、成り立つ

表3から「として」の後ろには「行為動詞」がきやすいことがわかる。ただし、これらの行為動詞は「打つ」などのような具体的な動作は表していない。

2. 教材における「として」の扱われ方とその問題点

　本節では、中国国内で広く使われている日本語の総合教材《新編》、《综合》、《标准》における「として」の扱われ方と問題点を見る。
　上記三種類の総合教材では「として」を次のように扱っている。

《新编》：接在名词下面表示"作为"，"以……资格"，"以……身份"，"以……立场"，"以……角度"等。（名詞に接続し、"作为"，"以……资格"，"以…身份"，"以……立场"，"以……角度"という意味を表す。）

《综合》：Ⅰ.（第2册第19课）：接在名词后面，多用于表示动作主体进行某动作时的资格或身份，还可以表示事物的性质。相当于汉语的"作为"等。（名詞に接続し、よく動作主体がある動作をするときの資格・身分を表す。また、物事の性質を表すこともできる。中国語の"作为"に相当する。）

Ⅱ.（第3册第2课）：抽象名词或词组后接「として（は）」时，表示具体化的对象，即后面的内容是对该词语的具体说明。「として（は）」は抽象名詞・抽象的な事柄に接続し、具体化の対象を表す。つまり、後ろにくる内容がその抽象名詞・抽象的な事柄に対する具体的な説明である。

《标准》：该句型表示某种资格，身份，名目等。相当于汉语的"作为……""以……"等。（「として」句はある資格・身分・名目を表し、中国語の"作为……""以……"に相当する。）

　それぞれ以下の例文、《新编》(5)、《综合》(6)(7)、《标准》(8)が挙げられている。

(5) a. わたしは趣味としてバイオリンを習っています。
　　b. 教師としてやるべきことは全部やってしまいました。
　　c. 上海は工業都市として知られています。《新編》
(6) a. この問題は、わたしたちみんなの問題として考えることが必要だと思います。
　　b. 万里の長城は世界遺産として国内外に知られている。
　　c. 佐藤さんは大学の代表として選ばれ、国際会議に参加した。
　　d. 三保さんは交換留学生として中国に留学したことがあります。
(7) a. 活動内容としては、週2回の合同練習と朝の自主練習です。
　　b. 予定としては、まず上海へ行って、その次に杭州へ行きたいと思います。
　　c. 日本の伝統文化としては、茶道や能楽や相撲などが挙げられる。
(8) a. マナさんはクラスの委員として会議に出席した。
　　b. タイは仏教の国として知られている。
　　c. 青森県はりんごの産地として有名である。
　　d. あの人は医者としても、政治家としても有名です。
　　e. 教師としてではなく、一人の人間としての立場から発言したいと思う。
　　f. 私は趣味として切手を集めている。

以上の教材における「として」の扱われ方をまとめると、表4になる。

2. 教材における「として」の扱われ方とその問題点

表4. 教材における「として」の扱われ方(「×」は説明が与えられていないことを表す)

	提出課	先行名詞	意味解説	中国語訳
《新編》	第2冊 第16課	名詞	"作为","以……资格","以……身份","以……立场","以……角度"	×
《综合》	Ⅰ.第2冊第19課；Ⅱ.第3冊第2課	Ⅰ.名詞 Ⅱ.抽象名詞	Ⅰ.動作主体がある動作をする時の資格・身分、物事の性質 Ⅱ.具体化の対象	Ⅰ.作为
《标准》	初級第29課	×	資格、身分、名目	作为，以

　表4から次の二点が明らかになった。一つ目はすべての教材で「として」の「資格・身分」用法が初級段階で導入されている点である。二つ目は《综合》では「として」の「具体化の対象」用法も導入されている点である。
　問題点としては以下の四点が指摘できる。
　一つ目は、すべての教材で「として」と「としては」の異同に触れていない点である。《综合》では「として(は)」の「具体化の対象」用法が導入されてはいるが、与えられている例文(5)はすべて「としては」が使われている文であり、「として」と「としては」の違いについては一言も触れられておらず、学習者に「具体化の対象」を表しているのが「としては」だけというイメージを与えやすい。
　二つ目は、「として」の意味用法に関する解説が不十分だったり、誤解を招きやすかったりする点である。例えば、《新編》では「として」の意味解説が中国語訳の形で与えられており、学習者に日本語の「として」と与えられている中国語訳とが全く同じ意味を表すと

いう誤解を与えかねないように思える。また、《综合》では「として」の意味解説を「動作主体がある動作をする時の資格・身分、物事の性質」としているが、与えられている例文からわかるように、「として」は必ずしも「動作主体」を表しているとは限らない。例えば、(4a)における主体は「と思います」と呼応する名詞であり、「として」の前にくる「問題」ではない。また、《标准》で与えられている「名目」という用語は学習者に馴染まない可能性も想定しうる。

　三つ目は、「として」と共起する述部が提示されておらず、共起する名詞の説明も不十分であったり、与えられていなかったりする点である。例えば、《新编》では「として」の前接語は「名詞」とだけ記され、大まかなことを言っているだけであり、学習者に有益なヒントは提供されていない。また、《标准》では「として」と共起する名詞そのものが提示されていない。

　四つ目は、「その他の名詞②+として」のような副詞的用法がすべての教材で導入されていないことである。第1節でみたように、母語話者コーパスではこのような副詞的用法も数多く出てくるため、教材で導入すべきだと思われる。

　以上、現在中国で広く使われている中国語を母語とする日本語学習者向けの総合教材における「として」の扱われ方、及びその問題点を検討した。その改善すべきところとして、以下の三点があると筆者は考える。

　一つ目は、「としては」と「として」の関係を学習者に説明する必要があること。二つ目は、教材では「として」の「資格・立場」用法を中心に導入されているが、「として」は多義なので、日本語母語話者における「として」の使用実態を参考にし、「として」によく使う文型、その典型的な用法から学習者に提示すべきであること。三つ目は、中国語を母語とする日本語学習者の特徴を考慮し、その中国語訳とのずれを説明することである。

そこで、第3節においては「として」を指導する際に必要な項目として、その基本的意味、使用条件、中国語訳を順に見ていく。

3. 「として」、「としては」の指導上必要な項目

3.1 「として」、「としては」の意味用法

本節では先行研究を概観し、第1節コーパス調査の結果を参考にし、日本語学習者の視点から「として」と「としては」の意味用法、及び両者の関係を解明する。

3.1.1 「として」、「としては」の意味用法に関する先行研究

「はじめに」で指摘しているように、「としては」を「として」と異なる用法としてみるのか、「として」の用法の一部とみるのか、先行研究は一致していない。以下、「として」と「としては」の先行研究を分けてみていく。

3.1.1.1 「として」の意味用法に関する先行研究

「として」の意味用法に関しては、「資格・立場を表す」という記述が共通している。例えば、森田・松木(1989：3)では「通常資格・立場・名目・部類を表し、上接語に何らかの意味や価値づけをする表現である」、市川(2007：13)では「『名詞+として』はその立場・観点から、また、資格として何をする/したかという行為を述べることが多い」としている。これらの先行研究は、「として」はその前にくる形式(主に名詞)の「資格・立場を表す」としているが、馬(1997：139)が指摘しているように、(9)のような文では「として」はその前にくる名詞の「資格・立場」を表しているとは言い難い。

(9) a. 彼は義務としてその金を返した。
　　b. 太郎は親に対する復讐として赤ん坊を連れ去った。(馬1997：139)

これについて、馬(1997：140)では、「義務」、「復讐」は、それぞれガ格名詞句の「彼」、「太郎」や、その他のヲ格名詞句の「その金」、「赤ん坊」の資格や立場を表しているとは考えられず、述部の「(その金を)返した」、「(赤ん坊を)連れ去った」という行為の資格を表していると述べている。しかし、馬(1997)が言う「行為の資格を表す」用法はただの指摘に止まっており、深く考察されていない。また、「行為の資格」は日本語学においても馴染まない用語であり、教育現場には持ちこみにくいと考えられる。

「として」の意味用法として、「資格・立場を表す」以外の用法も挙げている先行研究に戴(1992)、庵他(2001)、鈴木(2006)などがある。

戴(1992：223)は、「として」の意味用法を(10)のように四種類に分類している。

(10) a. 資格・立場を示す。例：「しかし、選ばれた少数者として私は慎重に行動し、時を待たなければならない。」
　　b. 主題を提示する。例：「われわれとして患者がどこで治療を受けようと、どうこう言う筋合ではないが。」
　　c. 解説を示す。例：「その頃の習慣として、侍が侍を殺せば、殺した方が切腹しなければならない。」
　　d. 評価の基準を示す。例：「夏休みの旅の目的地としてこの上ない場所だ。」

戴(1992)は日本語学習者の視点からの考察ではない。また、「と

3.「として」、「としては」の指導上必要な項目

して」のこれらの意味用法の分類基準を考察していないという問題点も指摘できる。

庵他(2001：44-45)では「として」の意味用法を「動作や状態の主体の(臨時的な)資格や立場を表す」、「『扱う、見なす』などヲ格目的語に資格を与える意味を持つ動詞とともに用いられる対象の資格や立場を表す」、「形容詞述語、名詞+『だ』とともに用いられその状態の名目を表す」という三種類に分類し、それぞれ(11)のような例文を挙げている。

(11) a. そのころ母は音楽の教師として中学校で働いていた。
b. A国はそのNGOの代表を国賓として丁重に扱った。
c. この地方は絹織物の産地として有名だ。

その書名『中上級を教える人のための日本語文法ハンドブック』からもわかるように、庵他(2001)は日本語教育の観点からの考察である。しかし、第1節でみたように、日本語母語話者のデータからは庵他(2001)が指摘しているこれらの用法以外にも、「として」には「その他の名詞①」と「その他の名詞②」と共起する例も多くある。この点も学習者に提示すべきである。

鈴木(2006)では「として」の意味用法を六種類に分類している。筆者なりに整理すると、(12)となる。

(12) a. 存在・行動のあり方の規定：ある一つの資格・立場・名目「B」を設定して、「A」というものの存在・行動を規定する。例：「私は留学生として日本に来た。」
b. 行為・行動・態度のあり方の規定：ある一つの資格・立場・役割・名目「C」を設定して、主体「A」の対象「B」に対する行為・行動・態度のあり方を規定し、意味づける。

例：「外国語を道具として使いこなす。」
c. ある一つの側面からの価値づけ・意味づけ：ある一つの観点「B」を導入して、「A」に対し何らかの価値づけ・意味づけを行う。例：「京都は歴史の古い町として有名だ。」
d. 価値づけ・意味づけの観点を導入する文修飾副詞相当句：ある一つの観点「B」を導入して、「A」に対し何らかの価値づけ・意味づけを行う。Bというもののあるべき姿、あるはずの姿に照らして、Aを評価する。例：「努力し続けることは人間として当然のことだ。」
e. 行為・行動の規定・意味付け：ある一つの観点「B」を導入することによって、主体「A」の「V」という行為・行動を規定し、意味付ける。例：「彼は仕事として雑誌に日本語の文章を書いている。」
f. 行為・行動の主体：ある一つの資格・立場・名目「A」を示して、主体「A」の行為・行動を規定し、意味づける。「A」は、行為・行動の主体であると同時に、その主体の資格・立場・名目を表す。例：「政府として、早急に対策を考えたい。」

鈴木（2006）の分類は煩雑で、日本語教育での活用が難しいことや、意味用法に対する解説がわかりにくいという問題点が指摘できる。

また、これらの先行研究の共通の問題点としては、分類の基準が明示されていないことが挙げられる。

3.1.1.2 「としては」の意味用法に関する先行研究

3.1.1.1で取りあげた「として」の意味用法に関する先行研究は「としては」を「として」の用法の一部と主張していたり（戴1992）、

3.「として」、「としては」の指導上必要な項目

「としては」を視野に入れていなかったりする(鈴木 2006 など)ものである。本節では「としては」を「として」と異なる用法を持つと主張している馬(1997)、馬(2011)、裴(2005)、森田・松木(1989)を見る。

馬(2011：152)は、「としては」を、「単纯表示资格和立场的『として』类型」(単純に資格・立場を表す「として」タイプ)と区別し、「表示主语化立场的『としては』类型」(主語化立場を表す「としては」)(13a)と「表示比较基准的『としては』类型」(比較基準を表す「としては」)(13b)とに分けている。

(13) a. 会社<u>としては</u>当然、優秀な技術者を失った損失を少しでもカバーしなければならない。
   b. 100キロの体重は普通の男性だったらずいぶん重いと思うが、相撲取り<u>としては</u>むしろ軽いほうである。

裴(2005)では「判断主体」を表す「としては」の意味特徴、共起条件について考察し、「『としては』句は単純な主語の役割をするだけでなく、述部が表す内容に関する判断主体の役割をしている」と述べている。

森田・松木(1989：56)では、「『としては』には、格助詞的な『として』の資格・立場を示す用法を発展させた形で、ある資格・立場を題目として取り立てて、実現の姿がそれにふさわしくないことをほのめかす用法がある。これは、『として』に係助詞『は』が付加されただけの、格助詞的な機能を果たす『としては』とは区別され、『としては』全体が一語化して特別なニュアンスを分担している。」と指摘している。

(14) a. 私<u>としては</u>仕上げに三日はかけたい。(裴 2005：121)

b. 彼は一八〇センチという身長だが、バスケットボール選手としては小柄な方らしい。(森田・松木1989：57)

　用語は違うが、裴(2005)、森田・松木(1989)が指摘している「としては」はそれぞれ馬(2011)の(13a)、(13b)に相当すると思われる。これらの先行研究から、次の二点が指摘できる。
　一つ目は「としては」の一部の用法しか考察されておらず、「としては」という形で現れる文が上記の考察では説明できない場合も多いことである。

　(15) a. 日本は、世界一の債権国ですよ。政府の財政は、赤字ですが、国家としては、大きな黒字です。
　　　b. 我が国人材の優位性の特徴、製造業の海外生産が増大している理由としては、海外の安い労働力の活用が挙げられよう。

　(15a)における「としては」の前には「国家」という組織名詞がきているが、ただの現象を述べているだけである。馬(2011)、裴(2005)が指摘している「主語化の立場」、「判断主体」を表しているとは考えられない。
　(15b)における「としては」の前には、人・組織以外の名詞「理由」がきており、馬(2011)が指摘している「主語化立場」、或いは「比較基準を表す」のいずれにも入らない。
　二つ目は、裴(2005)、馬(2011)が指摘している「判断主体」、「主語化立場」という用語自体が曖昧であり、学習者に誤解を招きやすいことである。例えば、「判断主体」は「判断を下す主体」と理解されやすい。(16)では判断を下す主体は「話し手」であり、「としては」の前にくる「通信主管庁の郵政省」ではない。

(16) このような時期、通信主管庁の郵政省としては既存の概念あるいは体系にとらわれない計画的でかつ総合的な通信政策を展開していく必要があろう。

3.1.2 「として」、「としては」の意味用法に関する本書の立場

日本語学習者の視点から、文法規則をできるだけ少なくする、且つ分かりやすく提示するという指針のもと、1.2で見たコーパス調査の結果を参考にし、「として(は)」文は「Xとして(は)、B①」という構造を持つとし、その意味用法を以下の三種類(17)に分類する。

(17) a. X≠B、且つXは1.2で見た「その他の名詞②」以外の場合、「Xとして(は)B」は「Xという資格・身分・立場・名目でB(をする/である)②」という意味を表す。

b. X≠B、且つXは1.2で見た「その他の名詞②」の場合、「Xとして(は)B」は「Xとして(は)」全体で副詞としてBを修飾する。

c. X=B、且つXは1.2で見た「その他の名詞①」の場合、「Xとして(は)B」は「XをBで説明する」という意味を表す。(このような場合、Xの位置に人・組織名詞は現れず、すべて「その他の名詞①」となる)

以上、「として」の三種類の用法と共起する名詞をまとめると、

---

① 「B」は「として(は)」がかかる成分を指す。例えば、「として(は)」は述部全体とかかる場合、「B」は「述部全体」、述部の動詞・形容詞・名詞だけとかかる場合、「B」は「述部の動詞・形容詞・名詞」を指す。

② このタイプの「として(は)」文におけるBは行為動詞や形容詞・名詞がくるため、Bをする或いはBであるとした。

表5になる。

表5.「として」の三種類の用法と共起しうる名詞

	(17a)タイプ	(17b)タイプ	(17c)タイプ
人・組織名詞	○	×	×
その他の名詞②	×	○	×
その他の名詞①	○	×	○

また、BCCWJのコアデータ①から、「として(は)」の用例を1399例取り出し、そのうち連体用法「としての」の用例153例を除外した1236例「として(は)」文を分析した結果、(17)に示した「として(は)」の三種類の用法の出現数は表6のようになる。

表6.「として(は)」三種類の用法の出現数

	出現数	比率
(17a)タイプ	927	75%
(17b)タイプ	62	5%
(17c)タイプ	247	20%
合計	1236	100%

---

① 検索方法:キー:品詞 LIKE "名詞%" AND 後方共起:語彙素 = "として" ON 1 WORDS FROM キー IN (registerName = "出版・新聞" AND core = "true") OR (registerName = "出版・雑誌" AND core = "true") OR (registerName = "出版・書籍" AND core = "true") OR (registerName = "特定目的・白書" AND core = "true") OR (registerName = "特定目的・知恵袋" AND core = "true") OR (registerName = "特定目的・ブログ" AND core = "true") WITH OPTIONS unit = "2" AND tglWords = "30" AND limitToSelfSentence = "0" AND endOfLine = "CRLF" AND tglKugiri = "|" AND encoding = "UTF-8" AND tglFixVariable = "2"

3.「として」、「としては」の指導上必要な項目

　表6から(17a)タイプの「として(は)」文が圧倒的に多く、その次は(17c)タイプ、一番出現数が少ないのが(17b)タイプであることが分かる。また、表1と表2で見たように、(17b)タイプの直前にくる名詞の全用例のうち、「として」文は3.4%、「としては」文は3.7%を占めている。表6はBCCWJのコアデータ、表1と表2はBCCWJの全データから取り出した例であり、データ数が違うが、このタイプの「として(は)」文と共起する名詞は「依然」、「当時」、「全体」、「主」の少数に集中しているようである。
　まず、(18a)についての用例を見てみよう。

(18) a. 服部さんとの往来がいよいよ密になったのは、私が立命館大学の第一回の内地留学生として東京へ出ることを望んでからのことだった。
　　 b. 王国維が上京した年は、広東では孫文が大元帥に就任し、国共合作の方針が決定され、ソ連はボロジンを国民党顧問として派遣している。
　　 c. 死後の世界に関することは、まだ学問として確立していないがために、人びとは困ることになるのです。
　　 d. 母屋を迂回する様に歩いて行くと、裏山に出る通路の途中に、事務所として使われている一軒家があった。
　　 e. 独特な文化をもっていて、北海道網走市のモヨロ貝塚が、オホーツク文化の遺跡として有名である。

　(18a)、(18b)における「私が立命館大学の第一回の内地留学生として」、「ボロジンを国民党顧問として」は、それぞれ庵他(2001)が指摘している「動作の主体の資格・立場」、「ヲ格目的語に資格を与える意味を持つ動詞と共に用いられ対象の資格や立場」を表していると思われる。さらに、「として」は(18c)、(18d)のような主体、

目的語とも言えない名詞「学問」、「事務所」の資格を表すこともできる。また、(18e)のような「評価の基準を表す」(戴 1992)場合的「として」は、その前の名詞「オホーツク文化の遺跡」という資格で「有名である」という点において変わらないため、学習者の記憶の負担を減らすという視点から、これらの文を総じて(17a)タイプにまとめた。このタイプの「として」文の共通の特徴としては、「X ≠ B」という点にある。例えば、(18a)では、Xの「内地留学生」≠Bの「東京へ出る」、(18e)でも、Xの「オホーツク文化の遺跡」≠Bの「有名である」。それぞれ「内地留学生」という身分で「東京へ出る」、「オホーツク文化の遺跡」という資格で「有名である」という意味を表している。

　(17a)タイプの「としては」文も同様である。例を見てみよう。

(19) a. 農家の所得安定制度については、九十一年に農家所得保護法が制定され、NISA(純所得安定口座)、GRIP(粗収入保険制度)が導入されたが、GRIPにかかる財政負担が過大であったこと、NISAの基金が十分積み上がったこと等からGRIPは九十六年をもって連邦の制度<u>としては</u>廃止され、現在はNISAが州独自の制度と一体となり、全国セーフティーネットとして機能している。
　　 b. 古代の戦闘に使われた一般的な武器としての刀や槍は、加工または狩猟のための道具<u>としては</u>、すでに旧石器時代から存在していた。
　　 c. ベテラン教員から教わる事も大事ですが、それだけでは教師<u>としては</u>失格だと思います。

　(19)で示しているように、このタイプの「としては」文はヒト名詞「教師」、ヒト名詞以外の名詞「制度」、「道具」と共起し、これら

3.「として」、「としては」の指導上必要な項目

の名詞の「資格・立場・名目」でB(をする/である)という意味を表している。例えば、(19a)はXの「連邦の制度」という「資格」が、「廃止され」、(19c)はXの「教師」という「資格」では、「失格だ」という意味を表している。また、このタイプの「としては」文も「として」と同様に、「X≠B」という点で共通している。例えば、(19a)ではXの「連邦の制度」≠Bの「廃止され」、(19c)ではXの「教師」≠Bの「失格だ」。

このように、(17a)タイプの「として」、「としては」は「X≠B」という点において共通しており、「X」という資格・身分・立場・名目でBをする/Bであるという意味を表している。

次に、(17b)タイプの「として」、「としては」文をみる。

(20) a. 市町村の民生費は、都道府県の約2.7倍となっているが、これは、保育所等の設置・運営が主<u>として</u>市町村によって行われていること及び都市区域における生活保護事務が市により行われていること等によるものである。

 b. パート職員が管理職などになった場合、時給の上積みはあっても、賃金など待遇は依然<u>として</u>、正社員よりも全般的に見ると低い。

 c. 第3-2-十四図は、男子労働者の年齢構成を八十二年と九十二年で比較したものである。年齢構成が、全体<u>として</u>中高年の比率が高まる形で変化してきたことが分かる。

(21) a. 大和政権が豪族の協力なしに、豪族配下の民衆を動員し組織することは、当時<u>としては</u>不可能であった。

 b. この結果、製材品の輸入量は全体<u>としては</u>前年に比べ7％増加して五百五十二万 m³ となった。

 c. 連結器は、イメージ<u>としては</u>人と人が握手をしているようなもので、時折上下に振れている。

91

第五章　中国語を母語とする日本語学習者向けの「として(は)」に関する教材開発

　(17b)タイプの「として」、「としては」の先行名詞は限られており、1.2でみた「その他の名詞②」以外の名詞は入れられない。このタイプの「として(は)」文は先行名詞と共に副詞としてBを修飾している。例えば、(20b)は「依然として」全体を副詞としてその後ろにくる「やがて滅びる」、(21b)は「全体としては」を副詞としてその後ろにくる「前年に比べ7％増加して五百五十二万 m^3 となった」を修飾している。また、(17b)タイプの「として(は)」文は(17a)タイプと同様に、「X≠B」という関係にある。

　最後に、(17c)タイプの「として」、「としては」文の用例を見てみよう。

(22) a. 近年、消化性潰瘍の原因の1つ<u>として</u>、胃粘膜におけるヘリコバクターピロリ菌の感染が指摘されている。
　　 b. 会議は警察の抱える問題点<u>として</u>「閉鎖性」、「批判を受けにくい体質」、「時代の変化への対応能力不足」の三点に絞って改革の方向を示した。
　　 c. 第三には評価の方法<u>として</u>、各大学等が行う自己評価と機構が独自に収集した資料等をもとに、訪問調査やヒアリング調査が行われている。
(23) a. 少子化の原因<u>としては</u>、未婚化、晩婚化のほかに、結婚しても子どもを生まない、または、生む数を減らしている夫婦が増加していることも指摘されている。
　　 b. 変動費の例<u>としては</u>原材料費、販売手数料など、固定費の例<u>としては</u>人件費、減価償却費などがそれぞれあげられます。
　　 c. ビッグバンは英国における証券取引の活性化を目的としており、改革の主な内容<u>としては</u>証券売買委託手数料の

自由化、ジョバーとブローカーの分離制度の廃止、証券取引所会員会社に対する非会員の出資制限の撤廃などがあげられます。

このタイプの「XとしてB」は、X = Bという関係にあり、XをBで詳しく説明するという意味を表す。例えば、(22a)、(23a)、(23c)のB「胃粘膜におけるヘリコバクターピロリ菌の感染」、「未婚化、晩婚化のほかに、結婚しても子どもを生まない、または、生む数を減らしている夫婦が増加していること」、「証券売買委託手数料の自由化、ジョバーとブローカーの分離制度の廃止、証券取引所会員会社に対する非会員の出資制限の撤廃など」がそれぞれXの「消化性潰瘍の原因の1つ」、「少子化の原因」、「改革の主な内容」に対する説明となる。

また、(17c)タイプの「として(は)」は「人・組織名詞」と共起しにくいが、「その他の名詞①」と共起しうる点は(17a)タイプと共通しているため、両者を区別する必要がある。区別する方法は、XとBの関係にある。(17a)タイプの「として(は)」文ではX ≠ Bという関係にあるのに対し、(17c)タイプの「として(は)」文ではX = Bの関係にある。

(24) a. 伯市だけが不況ではなく、全国的に自治体は不況だと思います。理由<u>として</u>考えられるのは、まず景気が悪いので各企業が工場などを閉鎖して固定資産税が入らなくなる、若者が職を求めて流出する=住民税が入らなくなるといった税収の減収があります。

　　b. ゾートロープは、私たちが親しんでいるアニメーションの原形の一つです。映画が普及するずっと以前から、動く絵を楽しむ方法<u>として</u>親しまれてきました。

c. 残念ながら手話通訳で「食べている」人は極わずかで、仕事<u>としては</u>ほとんど確立していないのが現状です。

　（22）、（23）と違い、（24）ではX「理由」≠B「考えられる」、X「方法」≠B「親しまれてきました」、X「仕事」≠B「ほとんど確立していない」。このように、「その他の名詞①」と共起する場合、X≠Bであれば、（17a）タイプ、X＝Bの関係にあれば、（17c）タイプの「として（は）」となる。

3.1.3　「として」と「としては」の関係に関する本書の立場

　3.1.1で見たように、「として」と「としては」を一つの用法とみるかどうかという点において、先行研究は一致していない。本書では「としては」を「として」の用法の一部とみなすこととする。その理由として、以下の三点が考えられる。

　一つ目は、表1と表2でみたように、「として」と「としては」が共起する名詞はほぼ同じであり、且つ3.1.2の考察からわかるように、「としては」も「として」と同じく（17）のような三つの用法に分類できるからである。

　二つ目は、3.3でみるように、「として」、「としては」と対応する中国語訳がほぼ同じためである。

　三つ目は、上の二点と関連し、「として」、「としては」の意味用法、また中国語訳との対応関係がほぼ同様であるため、学習者の記憶負担を減らすという視点からも、少なくとも理解の面において両者を区別する必要はないと考える。

3.2　「として」、「としては」の使用条件

　3.1.3では「として」と「としては」は同じ意味用法を表しているため、理解の面において両者を区別する必要はないとしている。しか

し、産出の面においては、「として」、「としては」が必ずしも通用しているわけではないため、それぞれの使用条件を学習者に提示すべきである。本節では「として(は)」の使用条件に関する先行研究を概観してから、両者が共通している使用条件、及び片方しか使えない場合を考察する。

3.2.1 「として」、「としては」の使用条件に関する先行研究

鈴木(2006：16)では判断・評価タイプの「〜として」文は、その述語部分には、何らかの価値づけ・意味づけを行ったり、判断・評価を述べたりする語がくる。(中略)「東京は日本の首都として有名だ」はよいが、「東京は日本の首都として人口が多い」では、文として意味をなさない。「人口が多い」は、主題となる「東京」に対し、その評価を表す表現とはなっていない。「人口が多い」ことは東京に対する評価ではなく、東京という町に備わった「属性」を示すものであると指摘している。

鈴木(2006)の考察は判断・評価タイプの「〜として」文には適用されるが、判断・評価タイプ以外の「として」文には適用されない。

(25)＊世界では、今、使う多い(→使うことが多い)言語は英語で、中国人として、小学生の時、外国語の勉強が始まった(→を始めている)。『政法コーパス』

(25)は、中国語を母語とする日本語学習者が産出している誤用例である。このような判断・評価を表していない「として」文については、鈴木(2006)の考察では説明できない。

また、森田(1989)では、「として」が「AハB①トシテ……だ/AハB

---

① 森田(1989)における「B」は本章の「X」に相当する。

トシテ……する」という文型を持つとしており、「AがBの資格や立場、名目、部類であることを表す。他の資格や立場なら問題にならないのだが、AがBの資格や立場にあるということに何らかの意味や価値づけをする表現意識である。B・C・D・E……多くある中で特にBの在り方としてAの状況や行為が成り立っているのである。」と述べている。

森田(1989)における「多くある中で特にBの在り方としてAの状況や行為が成り立っている」という論述は非常に示唆的である。しかし、「として」、特に「としては」(19c、22a)文においては、「A」が現れないときも多い。

3.2.2 「として」、「としては」の使用条件に関する本書の立場

3.2.2.1では「として」、「としては」両方が使える場合、3.2.2.2では「として」、「としては」片方しか使えない場合をみる。

3.2.2.1 他でもない、Xという特定の状況において、Bが成立するときに使う

「として(は)」の使用条件を「他でもない、Xという特定の状況において、Bが成立する」と捉える。例えば、「私は留学生として日本に来た」という文では、他でもない、「留学生」という身分で「日本に来た」という意味を表している。

3.2.1で鈴木(2006)が指摘している「東京は日本の首都として人口が多い」という文が非文になるのは、「東京は人口が多い」ことは特に「日本の首都」という特定の状況に限らず成立するためであろう。それに対し、「東京は日本の首都として有名だ」という文が言えるのは、ほかでもなく、「日本の首都」という資格のもとで「東京は有名だ」という意味を表しているためだと思われる。また、(25)は「として」が使われると、他でもない、「中国人」として、「小学生のとき、外国語の勉強を始めている」と理解されてしまい、実は、

中国人以外、「小学生のとき、外国語の勉強を始めている」国も十分想定しうるため、「として」文としては不適格になるのであろう。

また、市川(2007)では「彼は学生として、学校へ行かず、遊んでばかりいる」という誤用例が挙げられている。この誤用は、「他でもない、『学生』という特定の身分で、学校へ行かず、遊んでばかりいる」といった論理的な点が成り立たないことによる。「学生」という特定の身分のもとでは、「学校で勉強する」ことが当たり前のことだからである。

このように「として(は)」の使用が要求されるのは、「他でもない、Xという特定の状況において、Bが成立する」というときである。

3.2.2.2 「主題」や「対比」を表すときは「としては」、そうでないときは「として」を使う

3.1では主に両者の共通点をみてきたが、「としては」と「として」の最も大きな違いとして、「としては」は「主題」、「対比」を表しているのに対し、「として」は「主題」、「対比」を表すことができないという点がある。

「としては」の「主題」用法については、戴(1992)は「主題」、裴(2005)は「判断主体」、馬(2011)は「主語化の立場」という表現を使っているが、同じ用法を指していると思われる。「としては」には「は」という形式が入っており、「は」は主題を表すため、戴(1992)に従い、「としては」は「主題」を表すとする。また、先行研究が考察している「主題」を表す「としては」文は主にその前に「人・組織名詞」がくる場合であるが、(28)、(29)のような「対比」以外に、「としては」という形式で現れる文をすべて「主題」を表す「としては」と見なす。

「主題を表す」のが「として」ではなく、「としては」であると主張する理由としては、以下のように考える。

鈴木(2006)①では(26)のような例を挙げており、「として」は「行為・行動の主体」を表すと主張している。しかし、これらの文はすべて(26)'のような「としては」で置き換えられる。

(26) a. 委員会として、早急に委員長を選出する必要がある。
    b. 県としてぜひとも対策を講じなければならない。(鈴木2006：11)
(26)' a. 委員会としては、早急に委員長を選出する必要がある。
    b. 県としてはぜひとも対策を講じなければならない。

一方、主題を表す「としては」文は必ずしも「として」で置き換えられるわけではない。

(27) a. 今やっとお互いに、自分にとって一番大事な人が相手であることを確認しあえたわけですが、私としては、長い間忘れていた彼への想いが蘇ってしまい、胸が苦しいです。
    b. 当時私としては、テレビが舞台や映画と違って芸術といえるかどうかわからないが、視覚を主とする一つのジャンルとしては、生きる権利がある、といった気負った感想を持っていました。
(27)' *a. 今やっとお互いに、自分にとって一番大事な人が相手であることを確認しあえたわけですが、私として、長い間忘れていた彼への想いが蘇ってしまい、胸が苦

---

① 鈴木(2006)では「主題」という表現が用いられていないが、挙げられている例文からみると、戴(1992)などが指摘している「主題」を表す用法と同じであると思われる。

3.「として」、「としては」の指導上必要な項目

しいです。
* b. 当時私として、テレビが舞台や映画と違って芸術といえるかどうかわからないが、視覚を主とする一つのジャンルとしては、生きる権利がある、といった気負った感想を持っていました。

(27)で見たように、主題を表す「としては」を「として」で置き換えると、非文となる。このように、主題を表す「として」文は、ほぼ「としては」で置き換えられるが、主題を表す「としては」文は必ずしも「として」で置き換えられるわけではない。

これは、戴(1992：220)の考察—「トシテだけによる主題提示の文は不安定なものになりやすい。トシテの上記の機能を補強し、文脈依存度を最小限に抑えるためには、ハの力を借りてトシテハの形にしなければならない」とも合っている。日本語学習者の誤用を避けるという視点から、主題を表すのは「として」ではなく、「としては」であると提示することにする。

次に、「対比」を表す「としては」の場合を見てみよう。

(28)(前略)そこに登場した田中外相が四島一括返還を主張するのは正しいが、彼女は日露外交の起点は七十三年の田中・ブレジネフ対談だと述べた。それは角栄の娘としては正しくても、日本国外相としては誤りだ。

「としては」は、(28)のように「角栄の娘としては正しい」、「日本国外相としては誤りだ」のような「角栄の娘」と「日本国外相」を対比的に捉えている文もあれば、(29)のように比較する対象が表に現れていない文もある。

(29) 学生数 2000 人というのは大学<u>としては</u>かなり規模が小さい。(馬 2011：164)

(29)は、馬(2011)では「比較の基準を表す」としている。「比較の基準」を表す以上、比較の対象が存在するはずである。したがって、比較の対象が表に現れていない「比較の基準」を表す「としては」文も「対比」を表していると見なすことができると考える。

以上見てきたのは「として」が使用できず、「としては」しか使えない場合である。(30)のような「として」、「としては」の両方が使える場合もある。

(30) a. そんな失敗はプロ<u>として</u>致命傷だ。①
    b. そんな失敗はプロ<u>としては</u>致命傷だ。

「として」が使われている(30a)と「としては」が使われている(30b)を比べると、前者はただの事実を述べているのに対し、後者は「そんな失敗はプロとしては致命傷だが、素人としてはどうでもいいことだ」などといったニュアンスが考えられうる。このように、「として」、「としては」の両方が使える場合は、「としては」のほうが対比的なニュアンスが強い。

3.3 「として」、「としては」の中国語訳

第2節でみたように、教材では「として」の中国語訳を"作为……"、"以……"としている。"作为……"と"以……"は中国語でほぼ同義であるため、区別せずに一応"作为……"とする。

馬(2002a)は日本語の「として」と中国語の"作为"との対応関係に

---

① (30a)は鈴木(2006：13)による。(30b)は自作例である。

3.「として」、「としては」の指導上必要な項目

ついて考察しているが、「として」は中国語の"作为"だけでなく、他の形式と対応する場合もある。本節は(17)で分類している「として(は)」の三つの意味用法から、日本語の「として」と中国語の"作为"の対応関係をみる。

3.1.2で挙げている「として(は)」例文の一部①をもう一度取り上げ、その中国語訳をみてみよう。

(18) a. 服部さんとの往来がいよいよ密になったのは、私が立命館大学の第一回の内地留学生として東京へ出ることを望んでからのことだった。
和服部往来変得密切起来，始于我想作为立命馆大学第一批内地留学生派遣至东京之时。
c. 死後の世界に関することは、まだ学問として確立していないがために、人びとは困ることになるのです。
关于死后的世界，由于还未被作为一门学问确立起来，因此很是让人疑惑不解。
(19) b. 古代の戦闘に使われた一般的な武器としての刀や槍は、加工または狩猟のための道具としては、すでに旧石器時代から存在していた。
古代战争中使用的刀和枪之类的武器，作为加工或狩猎的道具，早在旧石器时代就已经存在了。
(20) b. パート職員が管理職などになった場合、時給の上積みはあっても、賃金など待遇は依然として、正社員よりも全般的に見ると低い。
即使是到了管理阶层的临时工，就算时薪有所提高，但是在薪酬待遇等方面，整体来看依然低于正式员工。

---

① 例文の番号は3.1.2に従う。

＊即使是到了管理阶层的临时工，就算时薪有所提高，但是在薪酬待遇等方面，整体来看<u>作为</u>依然低于正式员工。

(21) a. 大和政権が豪族の協力なしに、豪族配下の民衆を動員し組織することは、当時<u>として</u>は不可能であった。

　　　大和政权在没有豪族的支持下组织动员其部落的民众，这在当时是不可能的。

　　　＊大和政权在没有豪族的支持下组织动员其部落的民众，<u>作为</u>当时是不可能的。

(22) a. 消化性潰瘍の原因の1つ<u>として</u>、胃粘膜におけるヘリコバクターピロリ菌の感染が指摘されている。

　　　消化溃疡的原因之一，被认为<u>是</u>感染了附在胃粘膜上的幽门螺杆菌。

　　　＊<u>作为</u>消化溃疡的原因之一，被认为是感染了附在胃粘膜上的幽门螺杆菌。

(23) a. 少子化の原因<u>として</u>は、未婚化、晩婚化のほかに、結婚しても子どもを生まない、または、生む数を減らしている夫婦が増加していることも指摘されている。

　　　少子化的原因，除了未婚、晚婚外，还块已婚夫妇不生育小孩，或生育数减少的人数增加也有关。

　　　＊<u>作为</u>少子化的原因，除了未婚、晚婚外，还与已婚夫妇不生育小孩，或生育数减少的人数增加也有关。

　以上で見てきたように、(17a)タイプの「Xとして(は)」(例18、19)はほぼ中国語の"作为"と対応しているが、(17b)タイプの「Xとして(は)」(例20、21)は中国語の"作为"と対応していない。その中国語訳では、「Xとして(は)」における「X」のみと対応している。(17c)タイプの「として(は)」(例22、23)は中国語の"是"、"有"などと対応する場合が多く、中国語の"作为"に訳す

と、非文となる。

4. 教材における「として」、「としては」の扱い方に関する提案

　以上の考察に基づいて、中国語を母語とする日本語学習者向けの総合教材における「として」、「としては」の扱われ方を(31)のように提案する。

(31) Ⅰ.「Xとして(は)、B」という文型に用いる。
　　 Ⅱ. Xには「人・組織名詞」、「その他の名詞①」、「その他の名詞②」がくる；「B」に「行為動詞」はきやすいが、具体的な動作を表す動詞はきにくい。
　　 Ⅲ. 意味用法：
　　　a. X≠B、且つXは1.2で見た「その他の名詞②」(当時、主、可能性、イメージなど)以外の場合、「Xとして(は)B」は「Xという資格・身分・立場・名目でB(をする/Bである)」という意味を表す。
　　　b. X≠B、且つXは1.2で見た「その他の名詞②」(当時、主、可能性、イメージなど)の場合、「Xとして(は)」全体で副詞としてBを修飾する。
　　　c. X=B、且つXは1.2で見た「その他の名詞①」(方法、理由、例、要因、原因、特徴、結果など)の場合、「Xとして(は)B」は「XをBで説明する」という意味を表す。
　　 Ⅳ. 使用条件：
　　　a.「他でもない、Xという特定の状況において、Bが成立する」ときに使う。
　　　b.「主題」や「対比」を表すときは「としては」、そうでない

ときは「として」を使う。
V．中国語訳：
(Ⅲa)の意味を表すときは、ほぼ中国語の"作为"と対応しているが、(Ⅲb)の意味を表すときは、中国語の"作为"と対応していない。その中国語訳では、「Xとして(は)」における「X」のみと対応している。(Ⅲc)タイプの「として(は)」は中国語の"是"、"有"などと対応する場合が多く、中国語の"作为"に訳すと、やや違和感がある。

例文としては、表1、表2、表3を参考に、「として(は)」の三種類の用法にそれぞれ(32)、(33)、(34)のような文を挙げる。

(32) a. 女性も男性も、家族の一員として責任をもち、平等に尊重されるべきである。
b. 会社としては常に新しい人材を投入して職場を活性化しなければならない。
c. 彼は政治家としては魅力的だが、一人の人間としては失格だ。
d. タイは仏教の国として知られている。
e. 山東省はリンゴの産地として有名だ。
(33) a. 2000年以降の子供の数を見てみると、若干の起伏を示しながらも、全体としては減少傾向にある。
b. いい悪いは別として、とりあえずやってみよう。
c. 環境問題は依然として厳しい状況にある。
d. 自由恋愛は、当時としては不可能であった。
e. 可能性としてはありうるが、実際に起こる確率は0に近い。

(34) a. 最近の傾向として、職場に進出する女性は多くなっている。
b. 自殺を考えやすい人の特徴として、ひきこもりがしばしば指摘される。
c. 少子化の原因としては、未婚化、晩婚化などが指摘できる。
d. 日本の伝統文化としては、茶道や能楽や相撲などが挙げられる。
e. 国民が科学技術に関する情報を入手する方法としては、テレビ、新聞などがある。

第六章

中国語を母語とする日本語学習者向けの「について(は)」に関する教材開発

0. はじめに

庵他(2001：17)では「について」の意味用法を「述語が表す動作や状態が関係する対象を表す形式」とし、(1)のような例文が挙げられている。

(1) a. あの事件について変な噂を聞きました。
    b. 私は図書館の資料で中部地方の方言について調べました。

庵他(2001)で挙げている例は、すべて(1)のような「について」の後ろに動詞がひとつだけくる、かつ文末で述語として使われている文である①。このような文では、「について」は述語の「聞きました」、「調べました」の対象を表している。しかし、(2)のような「について」の後ろに動詞が一つ以上あり、「について」とそれがか

---

① 庵他(2001)は(1)のように単文に使われる「について」文しか考察していない。

かる成分とが述語として使われていない場合、庵他(2001)の指摘は適さない。

(2) a. 判断能力のある年齢に達した子について相談してくる親が増えています。
b. その後、この悲劇について語りあっている二人の心理学者の対談を読みました。

(2a)、(2b)では、「について」の先行名詞「判断能力のある年齢に達した子」、「この悲劇」が係っているのはその後ろにくる一つ目の言語活動を表す動詞「相談する」、「語りあう」であり、述語の「増えています」、「読みました」ではない。このように、「について」とそれがかかる成分とは必ずしも述語として使われていない。そのため、「について(は)」の意味用法を一概に「述語が表す動作や状態が関係する対象を表す」とすると、学習者に(2)における「について」が述語の「増えています」、「読みました」にかかるという誤解を与える可能性がある。

また、佐藤他(2001：52-54)では、「について」が主語①のあとに文中で使用される場合(3a)は述語動詞のしめす言語活動、思考活動、調査活動の〈テーマ〉をさしだす。一方、主語に先立って文頭にきていて、かつ「については」というとりたての形でもちいられる場合(3b)は、これから述べる文の〈全体のテーマ〉をさしだすと指摘している。

(3) a. わたしはこの一年間、(略)資本主義の「繁栄」についても

---

① 佐藤他(2001)では主語と主題が区別されておらず、主語という用語を用いている。

う一度考え直すようになった。
b. 同じように渡唐前の普照<u>については</u>、興福寺の僧であり、一に大安寺の僧だとも言われているという甚だ頼りない短い記述だけが残されている。

佐藤他（2001）は「について」と「については」を区別して記述しているだけであり、それぞれの使用条件は解明していない。また、(4)のような「については」が「これから述べる文全体のテーマ」を表していない用法も考察していない。

(4) 気のタメなども一瞬一瞬のつながりのなかで感じられますし、打つべきところに打つ面にも迷いはありません。また胴に返されても、相手に対する乗り方とその瞬間<u>については</u>考えますが、返されたそのことはまったく気になりませんね。

(4)における「については」は後ろにくる「考えますが、返されたそのことはまったく気になりませんね」ではなく、「考える」だけと係っているため、〈文全体のテーマ〉を表してはいない。また、(4)では主語が表に現れていないため、「については」が主語に先立って文頭で使用されているかどうかの判断も難しい。

このように、先行研究では「について」、「については」とかかる成分に関する記述が不十分であり、それぞれの使用条件も解明されていない。そこで本章は「について」と「については」が区別されるべき二つの用法を主張し、それぞれとかかる成分、意味用法、使用条件を明らかにし、中国語を母語とする日本語学習者向けの「について(は)」に関する教材開発を行うことを目的とする。

第1節では、「について」と「については」を分ける基準について述べる。第2節ではコーパス調査で「について」、「については」の

先行名詞と後ろにくる述語を見る。第3節では、教材における「について」の扱われ方とその問題点を明らかにする。第4節では、「について」、「については」を指導する際に必要な項目を検討する。第5節では、中国語を母語とする日本語学習者向けの教材における「について(は)」の扱い方を提案する。

1.「について」と「については」を分ける基準

1.1 「について」、「については」を分ける基準に関する先行研究

「について」と「については」が異なる用法を持つと主張している先行研究としては佐藤他(2001)、馬(2002b)などが挙げられる。以下、これらの先行研究における「について」と「については」を分ける基準とその問題点をみる。

佐藤他(2001)は、「について」が文中に現れる位置によって「について」と「については」を分けている。「はじめに」で見たように、文全体ではなく、その後ろにくる一つ目の言語活動を表す動詞までの成分だけとかかる「については」は考察していない。また、主語は表に現れず、かつ「については」の先行名詞が長い場合は、「については」が主語に先立って文頭で使用されているかどうかの判断が難しいという問題点も指摘できる。

馬(2002b)は、「について」への「は」のあるなしによって「について」と「については」を分けている。さらに「については」を「は」の削除可能の場合と削除不可の場合とに分けており、「は」が削除可能の「については」は、「について」のタイプに属するとしている。

(5) a. 横流しの一件については(○について)、正確に実情を調

査した上で、また改めてお話に伺います。(馬 2002：18)
　b. クラシック音楽については(??① について)、父はあまり好きでもなく、よく知りもしない。(馬 2002：19)

　馬(2002b)はニュアンスが若干異なるものの、(5a)における「については」の「は」は削除可能であるが、(5b)における「については」の「は」は削除不可と主張している。言語的直感を持たない日本語学習者にとって、「は」が削除可能かどうかの判断は難しいため、この考察は教育現場に持ち込みにくいと思われる。また、「は」が削除可能の(5a)でも、「は」が削除不可の(5b)でも、「については」がこれから述べる文「正確に実情を調査した上で、また改めてお話に伺います」、「父はあまり好きでもなく、よく知りもなしない」全体とかかっている点で共通しているため、「については」を「は」が削除可能と削除不可の場合に分けて見る必要はないと考えられる。

1.2 「について」、「については」を分ける基準に関する本書の立場

　本書は先行研究と違い、「について」、「については」とかかる成分から二者を(6)のように使い分ける。

　(6)②a.「Xについて」の後ろにくる一つ目の言語系動詞③とかかるタイプ。

---

　①　馬(2002b)では、「??」というマークを使い、「については」の「は」が削除不可という意味で使用されている。
　②　以下、特に説明しない場合、「について」は(6a)、「については」は(6b)タイプを指す。
　③　「について」は連用修飾語として、その後ろに動詞と形容詞がくるが、形容詞がくる場合は別稿に譲る。

b.「Xについては」という形でその後ろにくる文全体とかかるタイプ。

　(6a)については、先行研究は「について」の後続動詞に「言語活動や思考活動を表す動詞」がくるという指摘が共通しているように思われる。例えば、森田・松木(1989：10)では「言語活動や思考活動に関係する語を修飾することが多く、『言う』、『話す』、『相談する』、『想像する』、『報告する』などと共起しやすい」、庵他(2001：16—17)では「『考える、話す、語る、述べる、聞く、書く、調べる』など、言語による情報を扱う動詞が述語にくる」、佐藤他(2001：52)では「述語動詞にくるものは、①言語活動動詞、②思考活動動詞、③調査活動動詞にほとんど限られている」としている。先行研究に従い、「について」の後続動詞「言語活動や思考活動を表す動詞」を総括して「言語系動詞」と呼ぶことにする。
　(7a)についての例文を見てみよう。

(7)a. 猪熊重二君、次に、八百十七条の八についてお伺いします。
　　b. たとえば、プラトンの『法律』に添えられた『エピノミス(法律後篇)』では「解釈術」が技術の一つとして挙げられているが、この解釈術は「真理」について判断するのではなく、たとえば神託といったものを解明するのであった。
　　c. さらには自動車使用者に対して不要期における普通タイヤへの取替えの促進等について指導を行っている。

　このタイプの「について」文は、(7a)のような「について」の後ろに述語動詞だけがきて、かつ文を終える場合もあれば、(7b)のような「について」の後ろに動詞が一つ以上くる場合もある。(7b)で

は、「について」の後ろに「判断する」、「解明する」という二つの動詞がくるが、「真理について」と係っているのはその後ろにくる一つ目の言語系動詞「判断する」であり、「解明する」ではない。また、(7c)では、動詞「行っている」は言語系動詞ではないが、その前にくる「指導を」とともに「指導する」という意味を表し、言語系動詞と同じ役割を担っているため、言語系動詞と見なしてもよい。

また、「Xについては」という形で文全体ではなく、その後ろにくる一つ目の言語系動詞とかかる場合もある。

(8) 覇権国の「満ち足りたナショナリズム」、アイルランドやスコットランドのナショナリズムについてはよく語られるが、従来から「イギリス（イングランド）のナショナリズム」について論じられることはあまりない。

(8)では、「よく語られる」だけが「については」の先行名詞「アイルランドやスコットランドのナショナリズム」とかかっている。このような「については」文は形式上(6b)と同じであるが、後ろにくる一つ目の言語系動詞だけとかかる点においては、(6a)のタイプに属すべきだと考えられる。

次に(6b)についての例を見てみよう。

(9) a. 航空機騒音障害防止特別地区に関する都市計画が定められた際既に着手していた建築については、第二項の規定は、適用しない。
　　b. 最後に補償問題については、米側は満足のいく解決のため引き続き努力する旨述べております。

(9a)では、「については」の後ろにくる「第二項の規定は、適用し

ない」全体でXの「既に着手していた建築」とかかっている。(9b)でも「については」の後ろにくる一つ目の動詞「努力する」だけでなく、「米側は満足のいく解決のため引き続き努力する旨述べております」全体でXの「補償問題」とかかっている。

また、「については」は(10a)のような後ろに述語動詞だけがくる場合もある。

(10) a. なお、本事件に関するイスラエル、米、英の主張又は見解については後記する。
b.① なお、本事件に関するイスラエル、米、英の主張又は見解については今取り扱わず、後記する。
c. ＊なお、本事件に関するイスラエル、米、英の主張又は見解について今取り扱わず、後記する。

(10a)では一つ目の言語系動詞「後記する」が「については」の先行名詞「本事件に関するイスラエル、米、英の主張又は見解」を修飾している点で(6a)に似ているが、「については」と「後記する」の間に他の成分「今取り扱わず」を挿入している(10b)の方が自然な文である。一方、「について」と「後記する」の間に他の成分を挿入している(10c)は不自然な文である②。そのため、こういった形式上(6a)に似ている「については＋述語動詞」文は(6b)のタイプに属すべきだと考えられる。

---

① (10b)、(10c)は自作例。
② 「については」の使用された(10b)が自然な文であることから、「については」は後ろにくる文全体「今取り扱わないで(説明せず)、後記する」にかかると言える。一方、「について」が使用された(10c)が不自然な文であることから、「について」は後ろにくる文全体のテーマを表すことができないと言えるであろう。

以上の考察に基づいて、本書は「について」、「については」とかかる成分から「について」の後ろにくる一つ目の言語系動詞が「について」の先行名詞Xとかかる(6a)タイプ(「については」という形式で後ろにくる一つ目の言語系動詞だけとかかる文はこのタイプに属する)と、「については」という形でその後ろにくる文全体で「については」の先行名詞Xとかかる(6b)タイプに分ける。また、佐藤他(2001)と違い、本書は「については」が文中に現れる位置を問わず、「については」という形で、後ろにくる文全体とかかる場合は、(6b)のタイプに属するものとする。

2. コーパス調査

　『現代日本語書き言葉均衡コーパス』(BCCWJ)のオンラインツール「中納言」を利用し、長単位「名詞+について」という方法で、「について」の用例を90636例収集した。そのうち、明らかに本動詞「つく」として使われている文574例①、連体用法を表す「についての」文8502例を除外した54553例の「について」文、27007例の「については」文を分析対象とした。表1は「について」と「については」の先行名詞、その上位50位を示したものである。
　表1から次の2点がわかる。
　一つ目は、「について」の先行名詞の上位50位は全用例の23%を占めるにすぎないのに対し、「については」は全用例の48%を占め、「については」の先行名詞はかなり集中していると言えることである。

---

　① 「について」の直後に「いか、いき、いく、いけ、いける、いこう、き、くる、い、いらっしゃる」などがくる用例を除外した。

表1.「について」、「については」の先行名詞(上位50位)

について (全用例 の23%)	事、こと、問題、点、もの、物、関係、場合、事項、件、内容、有り方(あり方、在り方)、状況、方法、事件、者、部分、影響、理由、課題、可能性、辺、一部、役割、整備、現状、対応、結果、考え方、地域、目標、死、項目、変化、行為、事業、仕事、実施、行動、事柄、問題点、実態、締結、土地、対策、動向、取り扱い、意味
については (全用例 の48%)	事、点、物、問題、適用、部分、関係、内容、者、件、場合、事項、方法、整備、有り方、事件、理由、前者、事業、後者、法人、影響、地域、行為、土地、意味、取り扱い、施設、経費、職員、経緯、動向、評価、研究、情報、状況、部分、対応、期間、結果、範囲、登記、人、額、辺、手続き、実態、原因、費用、活動

　二つ目は、「について」と「については」の先行名詞に大きな違いはなく、「コト名詞」がきやすいことである。
　また、「について」の後ろにくる動詞を見るために、「中納言」を利用し、長単位「名詞+について+動詞」①という方法で「について」文を14314例収集した。そのうち、明らかに本動詞「つく」として使われている文 727例②を除外し、13587例を分析対象とした。表2は「について」の後ろにくる動詞を示したものである。

---

　① 検索方法：キー：品詞 LIKE "動詞%" AND 前方共起：語彙素 = "について" ON 1 WORDS FROM キー WITH OPTIONS unit = "2" AND tglWords = "10" AND limitToSelfSentence = "0" AND endOfLine = "CRLF" AND tglKugiri = "|" AND encoding = "UTF-8" AND tglFixVariable = "2"
　② 「について」の直後に「いか、いき、いく、いけ、いける、いこう、き、くる、い」などがくる用例を除外した。

表2.「について」の後ろにくる動詞（全用例の50％、上位20位、
出現頻度の高い順）

> 見る、考える、準用する、述べる、教える、言う、語る、検討する、説明する、書く、話す、調べる、知る、触れる、聞く、質問する、申し上げる、学ぶ、話し合う、定める

「について」の後ろにくる動詞の異なり数は1383である。表2で挙げている上位20位の動詞が全用例の50％を占めることから、「について」の後ろにくる動詞は表2で示した動詞に集中していると言える。

「については」はその後ろにくる述部全体とかかり、且つ述部にくる形式は広範囲にわたるため、コーパスからその述部にくるものを見るのは難しい。

3. 教材における「について」の扱われ方とその問題点

中国国内で広く使われている日本語の総合教材では、「について」を次のように扱っている。

《新编》:「について」是词组，在句中作状语，表示"关于""就"。(「について」はフレーズで、文中で修飾語として使われ、"关于""就"の意味を表す。)

《综合》:「について」接在名词后面，表示动作行为涉及的对象，谓语动词多为指称语言行为或思维活动的动词。「Nについて」后面还可以接「の」做连体修饰语修饰名词。相当于汉语的"关于~、有关~、就~，关于~的~"等(「について」は名詞に接続し、動作や行為が関連する対象を表す。述部に言語行為や思

考活動を表す動詞がきやすい。「Nについて」は「の」とともに連体修飾語として名詞を修飾するのも可能である。中国語の"关于~、有关~、就~，关于~的~"などと訳される。)

《标准》:「体言+について」该句型多与表示"听、说"等的动词呼应使用，如:「言う、話す、聞く、書く/調べる」等，译成汉语时经常使用"关于……"，"就……"，"有关"等字眼，有时需要灵活掌握。(この文型は「聞く、話す」という動詞と共起しやすい。例えば、「言う、話す、聞く、書く、調べる」など。中国語の"关于……"，"就……"，"有关"と訳される。場合に応じて訳されることもある。)

表3. 教材における「について」の扱われ方(「×」は説明が与えられていないことを表す)

	導入時期	意味解説	後接語	中国語訳
《新編》	第1冊第19課	×	×	"关于""就"
《综合》	第2冊第22課	名詞に接続し、動作や行為が関係する対象を表す	言語・思惟活動を表す動詞	"关于""有关""就""关于~的"
《标准》	《初級》第12課	×	「聞く、話す」型動詞	"关于""就""有关"

表3から次の二点がわかる。一つ目は、「について」が初級段階で導入されている点である。二つ目は、すべての教材で「について」の中国語訳に"关于""就"と与えられている点である。

問題点としては、以下の四点が指摘できる。

一つ目は、すべての教材で「については」が提起されていない点

である。「については」が導入されていないことで、学習者は「について」と「については」を同一視する可能性がある。

二つ目は、《新編》と《标准》では「について」の意味解説が与えられていない点である。学習者は「について」を理解する際には、結局中国語訳に頼るしかなくなる。

三つ目は、「に対して」と共起する表現の解説が不十分であったり、与えられていなかったりする点である。例えば、《综合》と《标准》では「について」の後接語が与えられているが、すべての教材で「について」の前にくる形式に関しては記述されていない。

四つ目は、日本語の「について」とその中国語訳とのずれが説明されていない点である。日本語の「について」は中国語の"关于"だけでなく、"对"と対応しうる場合もあるため、中国語を母語とする日本語学習者の特徴を考慮し、その対応関係を解明すべきだと考える。

以下、第4節において、「について」、「については」を指導する際に必要な項目として、それぞれが使われる文型、基本的意味、使用条件、中国語訳を順に見ていく。

4.「について」、「については」の指導上必要な項目

4.1 「について」、「については」が使われる文型

本書は「について」、「については」文が「XについてB」、「XについてはB」という構造を持つとする。第2節で挙げている表1と表2を参考に、XとBの位置にくる成分を見ていく。

まず、Xの位置にくるものは、表1で見たように、「について」と「については」には大きな違いがなく、両者とも「コト名詞」がきやすい。「ヒト名詞」も入れられるが、その出現頻度は高くない。

次に、Bの位置にくるものは、表2で見たように、「について」の後ろにほぼ言語系動詞がくる。それに対し、「については」はその後ろにくる文全体とかかるため、言語系動詞だけでなく、かなり広い範囲にわたっている。

4.2 「について」、「については」の基本的意味

本節では「について」と「については」の意味用法に関する先行研究を概観してから、日本語学習者の視点でそれぞれの基本的意味を提案し、且つ両者の違いを考察する。

4.2.1 「について」、「については」の意味用法に関する先行研究

「について」の意味用法を考察した先行研究(日本語教育学会編1982、森田・松木1989、坂井1992など)は多いが、「について」、「については」両方を考察した先行研究は比較的少ない。以下、「について」、「については」両方を考察した先行研究を見る。

庵他(2001)では「について」は「述語が表す動作や状態が関係する対象を表す」(p16)、「について」には、「保証金については部屋を空けるときに返却する」のような主題化された用法もある(p19)と主張している。このように、庵(2001)では「について」と「については」をはっきり区別していないが、挙げられている例文から「主題化された」用法があるのは「については」の方であることがわかる。

佐藤他(2001)では主語のあとに文中で使用される「について」は「述語動詞のしめす言語活動、思考活動、調査活動の〈テーマ〉をさしだしている」(p52)、「については」というとりたての形で主語に先立って文頭で使用される場合は、「これから述べる文の〈全体のテーマ〉をさしだしている」(p53)と述べている。

馬(2002b)では「について」は「発話・思考などの行為活動のテーマを提供する」(p17)、「については」は「もう一つの話題を提起す

る」(p23)と指摘している。

市川(2007)では「名詞+について」の形で「その事柄・人を題材・主題として取り上げ、そのものに関することを述べたり、質問したりするときに使われます(p37)」、「については」は「ある事柄を主題(トピック)として取り上げたり、対比的な意味合いを持たせたりします」(p38)と述べている。

このように、先行研究では「について」、「については」の意味用法に関する定義が一致していない。例えば、「について」の意味用法を庵他(2001)は「対象」、佐藤他(2001)、馬(2002b)は「テーマ」、市川(2007)は「題材・主題」としている。「については」の意味用法に関しても、庵他(2001)は「主題」、市川(2007)は「主題(トピック)」、佐藤他(2001)は「テーマ」、(2002)は「話題」といったような異なる用語を使っている。また、佐藤他(2001)①を除けば、これらの先行研究は「について」、「については」とかかる成分に言及していないという問題点も挙げられる。

4.2.2 「について」、「については」の意味用法に関する本書の立場

本節では4.2.1でみた先行研究を参考に、「について」と「については」の基本的意味に関する本書の立場を提案する。

まず、「について」の意味用法に関しては、佐藤他(2001)、馬(2002b)は「テーマ」という用語を使っているが、与えられている解説(述語動詞のしめす言語活動、思考活動、調査活動の〈テーマ〉をさしだしている)から、ここの「テーマ」は「対象」の意味で使われて

---

① 佐藤他(2001)の考察をこのまま教育現場に持ちこむのは難しいと思われる。というのは、「主語」と「主題」の区別しにくい中国語を母語とする日本語学習者にとって、「私は、この点については、極力注意を払ってきたつもりである」のような主題として使われている「私は」を主語と誤解する可能性も十分想定されるからである。

いることがわかる。また、「テーマ」という用語は後ろにくる述部全体がそれについて述べるというイメージを与えやすく、後述する「については」との混同も生じかねないため、「について」の意味用法については、「テーマ」ではなく、「対象」という用語に従う。

「について」の基本的意味を(11)のように捉える。

(11)「XについてB」の基本的意味：BがXを対象とし、そのXと関連することを述べる。

ここの「B」は「について」の後ろにくる一つ目の言語系動詞を指す。例文を見てみよう。

(12) a. つぎに同時に分与される香典について述べよう。
b. パトリックは撮影場所について説明しようと身を乗り出した。

(12a)は、B「述べよう」がX「香典」を対象とし、その「香典」と関連することを「述べる」という意味を表している。(12b)は、「について」の後ろに「説明する」、「乗り出した」という二つの動詞がきているが、「について」はその後ろにくる一つ目の言語系動詞「説明する」だけとかかっており、「撮影場所」と関連することを「説明する」という意味を表している。

また、(8)のようなその後ろにくる一つ目の言語系動詞とかかる「については」文も(11)に従い、その後ろにくるB「よく語られる」がX「アイルランドやスコットランドのナショナリズム」を対象とし、そのXと関連することを「語る」という意味を表している。

次に、「については」の意味用法に関しては、先行研究では「主題」(庵他2001)、「主題(トピック)」(市川2007)、「テーマ」(佐藤

他2001)、「話題」(馬2002)のような異なる用語を使っているが、これらの用語はほぼ同じ意味を表しているため、そのうちの「主題」という用語に従い、「については」の基本的意味を(13)のように捉える。

(13)「Xについては」の基本的意味：「については」の後ろにくる文全体はXを主題とし、そのXと関連することを述べる。

例文を見てみよう。

(14) a. これらの蘇生については、近年の修復技術をもってすれば、比較的に容易な作業となっている。
b. 江戸遠山氏については、杉山博氏ほか多くの研究があり、とくに近年、後北条氏領国構造研究の一環として深化させつつある。

(14a)はX「蘇生」を主題とし、「については」の後ろにくる「近年の修復技術をもってすれば、比較的に容易な作業となっている」文全体で、それについて述べている。同様に、(14b)は「江戸遠山氏」を主題とし、「杉山博氏ほか多くの研究があり、とくに近年、後北条氏領国構造研究の一環として深化させつつある」文全体で、それについて述べている。

4.2.3 「について」と「については」の違い

「について」と「については」の違いとして、三枝(2008：8)は次のように述べている。

「について」に「は」を付加すると、文に大きな切れ目が入り、

元の文にはない意味が加わることになる。(中略)複合助詞も「は」がなければ後ろの動詞と一続きにつながり、「は」が複合助詞につくと、述語と直接に呼応しなくなる。

　これを言い換えれば、「Xについて」文ではXは後ろの動詞の対象を表すのに対し、述語動詞と「について」の間に切れ目が入っている「Xについては」文ではXは述語動詞と直接呼応せず、述語の直接対象になれないとなる。このように、「について」と「については」はかかる動詞の直接対象になれるかどうかという点で異なっている。
　また、1.3で見たような「については」の後ろに述語動詞だけがくる場合もある。

(15) a. 広域的防災機構の必要性については後述したい。
　　　a'①＊広域的防災機構の必要性について後述したい。
　　　b. 「変な時に、急に身体が緊張することがある」と訴え、面接は継続していった。そこでは、対母親との話題が中心になっていった。その後の面接の展開については省略する。
　　　b'＊「変な時に、急に身体が緊張することがある」と訴え、面接は継続していった。そこでは、対母親との話題が中心になっていった。その後の面接の展開について省略する。

「については」が使用されている(15a)、(15b)は自然な文であるが、「について」が使用されている(15a')、(15b')は不自然な文であ

---

① (15a')、(15b')、(16a')、(16b')は自作例である。

る。BCCWJから「については」の直後にくる動詞を調べてみると、「省略する」、「後述する」、「別記する」のような動詞がほとんどである。これらの動詞は「今述べず、後で取り扱う」という意味上の区切りが読み取れるため、後ろの動詞と一続きにつながることを要求されている「について」と共起しにくいのであろうと考えられる。

一方、(16a)、(16b)のような「について」が使える文は(16a')、(16b')のように「については」で置き換えられない場合もある。

(16) a. 書かれている内ようについて読み取る。
　　　a'＊書かれている内ようについては読み取る。
　　　b. このことについて述べよう。
　　　b'＊このことについては述べよう。

これらの「について」が要求される文は否定や対比のニュアンスを表すのでなければ、「については」は用いにくい。これは三枝(2008：8)で指摘されているように、述語と複合助詞が直接かかる場合、「は」はつけられない。

このように「について」と「については」の違いとして、構文上は、「について」は後ろにくる一つ目の言語系動詞とかかり、「については」は後ろにくる文全体とかかる。意味上は、「について」は動詞の直接対象、「については」は動詞の直接対象ではなく、文全体の主題を表すといった二点が挙げられる。この二つの相違点はその後ろにくる語にも反映され、「について」の後ろに言語系動詞がくるのに対し、「については」は言語系動詞だけでなく、他の形式も使える。

4.3 「について」、「については」の使用条件

4.2.2では「について」の基本的意味を「後ろにくる一つ目の言語

系動詞がXを対象とし、そのXと関連することを述べる」、「については」の基本的意味を「後ろにくる文全体はXを主題とし、そのXと関連することを述べる」としている。本節ではそれらの基本的意味からこの二者の使用条件を(17)のように捉える。

(17) a. 共通点：「Xと関連することを述べる」ときに使う。
　　　b. 相違点：後ろにくる一つ目の言語系動詞がXと関連することを述べるときに「について」、後ろにくる文全体がXと関連することを述べるときに「については」を使う。

このように、「について」と「については」は「Xと関連することを述べる」点で共通しているが、後ろにくる一つ目の言語系動詞だけがXとかかるときは「について」、後ろにくる文全体がXとかかるときは「については」の使用が要求されている。

また、「については」の述語にくるものとして、佐藤他(2001：53)は、文頭にもちいられる「については」のばあいは、述語にくる動詞の制限がゆるくなるという特徴があると指摘しているが、コーパスからは「については」文の述語に動詞だけでなく、(18)のような名詞や形容詞などがくる場合もある。

(18) a. 秀忠最晩年における本丸小姓組番士の先祖の主家については、第二章第二節の表十二で見たように、『寛政重修諸家譜』で判明する百四名のうち五十六名(五十三.八パーセント)が、祖父の代で徳川氏(徳川譜代とする)の家臣となっていた。いっぽう西丸の小姓組番については、判明する百三十八名の(うち)徳川譜代は五十九名(四十二.八パーセント)であり、以下、織田氏十五名、武田氏十二名、今川氏九名、北条氏八名、豊臣氏六名、足利氏三名、

その他・不明の順である。
　b. この点、アメリカはわが国と対照的である。アメリカでは利子課税については、原則として総合課税となっており、利子、配当には重い税率がかかるため、物価上昇率が高まっている状況では実質利子がマイナスとなる。一方、ローン金利については、(所得税控除)の対象となるため、実質的負担は軽い。

　それは「文全体のテーマ」を表す「については」は、単に述語だけとかかるのではなく、文全体とかかるため、述語にくる形式を問わないのであろう。

4.4 「について」、「については」の中国語訳

　第2節で見たように、中国語を母語とする日本語学習者向けの教材では「については」は導入されず、本章で提案した(6a)タイプに相当する「について」の中国語訳は"关于"とされている。
　北京大学中文系(1982：218)では「"关于"介绍出动词关涉的范围或事物」("关于"は動詞が関連する範囲・物事を導入する①)としている。一方、3.1で見たように、日本語の「について」、「については」は「その先行名詞Xと関連することを述べる」意味を表し、中国語の"关于"は大体日本語の「について」、「については」と対応している。
　また、北京大学中文系(1982)は"关于"とその後ろにくる動詞にかかる場合だけを指摘しているが、(19)のような"关于"は後ろに

---

　①　北京大学中文系(1982)は"关于"の後ろにくる動詞に注目している。それは動詞が関連する範囲・物事Xを導入している点で本論文が主張している「について」の基本的意味「Xと関連することを述べる」と同じだと思われる。

4.「について」、「については」の指導上必要な項目

くる文全体とかかる場合もある。

(19) <u>关于</u>教育，他说过："我们的摊子不要铺得很大，一定要有重焘，要稳步前进。"
（教育<u>については</u>、彼は「すべての領域に及ぶ必要はなく、的を射て、穏やかに前に進むことが望ましい」と言いました。）（CCL 语料库检索系统①）

このように、中国語の"关于"はその後ろにくる動詞だけでなく、文全体がその先行名詞にかかることもできる。これは中国語の"关于"が日本語の「について」、「については」の両方と対応しうることを示唆している。

ただ、中国語の"关于"は主語の前にしか置かれず、主語の後には置かれないが、日本語の「について」は語順が比較的自由で、文頭にも文中にも置くことができるのは馬（2002：23）が指摘している通りである。

以上で見てきたように、中国語の"关于"は大体日本語の「について」、「については」と対応している。問題は中国語の"对/对于"は日本語の「について」、「については」と対応しうる場合もあり、中国語を母語とする日本語学習者はこういった「について」、「については」が使われるべきところに、「に対して」を使ってしまう誤用を産出しているのである。この点については、張（2001）などに指摘がある。

(20) a. ＊研究計画<u>に対して</u>話し合った。（→について）（張 2001：83）
　　 b. <u>关于</u>研究计划，进行探讨。

---

① http://www.360doc.com/content/07/0721/13/788_623728.shtml

c. 对研究计划进行探讨。

（20a）を中国語に訳したら、"关于"（20b）と"对"（20c）両方と対応しうる。"关于"と"对"①の使い分けについて、北京大学中文系（1982：218-219）では次のように述べている。

　　"关于"主要是表示关涉，"对于"主要是指出对象。因此，只表示关涉，只表示某种范围的，用"关于"，不用"对于"；反之，凡是指明确定的对象，则用"对于"，不用"关于"。（中略）有些地方"关于"和"对于"的区分不是很清楚。但是用"关于"还是偏重于范围方面，用"对于"还是偏重于对象方面。（"关于"は主に関連、"对于"は主に対象を表す。従って、関連と範囲だけを表す場合は、"关于"は使えるが、"对于"は使えない。逆に、対象を明確に示そうとするときは、"对于"は使えるが、"关于"は使えない。（中略）"关于"と"对于"の区別が明確でないときもある。しかし、こういった場合でも"关于"はやはり範囲、"对于"は対象を表すニュアンスが強い）。

一方、日本語における「について」と「に対して」の意味用法に関しては、例えば庵（2001）では「に対して」を「動作・感情・態度の向けられる対象を表します」（p15）、「について」を「述語が表す動作や状態が関係する対象を表す」（p16）としている。同じ「対象」という用語を用いているが、やはり「に対して」は「方向性、対象性」、「について」は「関係性」が強いという違いが読み取れる。しかし、

---

　　① 北京大学中文系（1982）では"对"と"对于"を区別していない。本論文も"对"と"对于"を同義で使うが、「については」を中国語に訳し、文頭に使う場合は"对于"が多用されるため、「については」は"对于"と対応させる。

128

「について」が「対象」を表すことができないわけではない。例えば、馬(2002：16)では「に」と交換可能な「について」の後続動詞が抽象的な「方向性＋対象」を要求する動詞(「怒る」、「感謝する」)とも共起しうると指摘している。「怒る」、「感謝する」という動詞は抽象的な「方向性」を要求しているとは言いにくいが、「対象」を要求しているのは確かである。こういった「対象」を要求している動詞は「について」と共起しうることから、「について」は「対象」を表すことができるといえるであろう。また、このような「対象」を要求している動詞が「について」と共起する場合(21)、中国語の"关于"に対応せず、"対/対于"に対応するのは馬(2002b)が指摘している通りである。

(21) 飯沢管理者が30日の会見で藤井局長が提出した退職願を片手で持ちあげながら公開したことについて(〇に)、田中知事が激怒したもの。
＊关于(〇对于)饭泽负责人在30号的记者招待会上手举藤井局长提出的辞职书将其公开一事，田中知事非常震怒。(馬 2002：16)

このように、中国語の"关于"は大体日本語の「について」、「については」と対応するが、対象を明確に示そうとするとき、中国語の"关于"は使えず、"对于"の使用を要求しており、日本語では「について」も用いうる。

5. 教材における「について」、「については」の扱い方に関する提案

以上の考察に基づいて、中国語を母語とする日本語学習者向けの

第六章　中国語を母語とする日本語学習者向けの「について(は)」に関する教材開発

総合教材における「について」と「については」の扱い方をそれぞれ(22)、(23)のように提案する。

(22)「について」：
 a. 「Xについて、B」という文型に用いる。
 b. X＝コト・ヒト名詞、B＝言語系動詞。
 c. 基本的意味：後ろにくる一つ目の言語系動詞がXを対象とし、そのXと関連することを述べる。
 d. 使用条件：後ろにくる一つ目の言語系動詞がXと関連することを述べるときに使う。
 e. 中国語訳：ほぼ中国語の"关于"と対応するが、"对""对于"とも対応しうる。ただ、対象を明確に示そうとするとき、中国語の"关于"は使えず、"对于"の使用を要求する。

(23)「については」
 a. 「Xについては、B」という文型に用いる。
 b. X＝コト・ヒト名詞、B＝述部全体、述語の形式は問わない。
 c. 基本的意味：後ろにくる文全体はXを主題とし、そのXと関連することを述べる。
 d. 使用条件：これから述べる文全体がXと関連することを述べるときに使う。
 e. 中国語訳：中国語の"关于"とほぼ対応するが、"对于"とも対応しうる。ただ、対象を明確に示そうとするとき、中国語の"关于"は使えず、"对于"の使用を要求する。

例文としては、表1、表2を参考に、それぞれ(24)、(25)を挙げる。

(24) a. あの件について話し合った。
　　b.「食生活」について文章を書きなさい。
　　c. これから日本語の文法について説明します。
　　d.「心理学」は人間の心について調べる学問である。
　　e. 両親との関係について見ると、学年が高くなるにしたがって、両親とうまくいっている者の割合が低くなっている。
(25) a. この点については後述する。
　　b. 不登校の問題については、省略します。
　　c. 日中関係については、昨年の日中首脳会談で、その重要性を再確認しました。
　　d. 血液型と性格の関係については、医学的には根拠がないと言われている。
　　e. 彼が学校をやめる理由については、詳しい事情が分からない。

第七章

中国語を母語とする日本語学習者向けの「に対して」に関する教材開発
―「対象」を表す用法を中心に―

0. はじめに

「に対して」は日本語学習者にとって習得しにくい表現の一つである。特に中国語を母語とする日本語学習者には自らの母語にも"対"という漢字があるため、「に対して」の過剰使用が生じやすいと先行研究(張2001、沈2009など)によって指摘されている。

(1) a. ? 私も、大部分の人々の意見のように、死刑制度の存置に対して賛成する。(→に)(沈2009：44①)
 b. *これはお客さんに対して尊敬する言い方である。(→を)(沈2009：46)
 c. *研究計画に対して話し合った。(→について)(張2001：83)

---

① 沈(2009)では(1a)を誤用としているが、誤用とは言い切れないため、本論文では違和感がある文とし、「?」で表示する。

d. ＊窓に対して座っている。(→に向かって)(張 2001：82)
e. ＊金持ちに対して、こんな数の損失はわずかでしかない。
(→にとって)(沈 2009：44)

　(1)は本来他の形式が使われるべきところに「に対して」が使われた不自然な例であり、中国語の"対"か"対+アルファ"文と対応しうる点で共通している。また、(1e)を除いて、これらの文における「に対して」は動詞の直前に使われている。
　「に対して」の意味用法に関しては、「動作や態度、感情の対象を表す」といった記述が共通している(庵他 2001、佐藤 1989など)。しかし、(1)は「対象」と捉えられるにも関わらず、不自然な文になっている。また、誤用分析の視点からの考察(張 2001、沈 2009など)もただの現象指摘にとどまっており、誤用をなくす方法までは提示していない。さらに、中国語を母語とする日本語学習者向けの教材を分析してみると、「に対して」に関する解説は前接語や中国語訳などが与えられているだけであり、基本的意味の提示が不十分であったり、誤解を招きやすかったり、また「に対して」の使用条件も提示されていない。
　そこで、本章はコーパス調査で日本語母語話者における「に対して」の使用実態を明らかにし、教材調査で「に対して」の提出実態を検討したうえで、中国語を母語とする日本語学習者向けの「に対して」の教材開発を行うことを目的とする。
　以下、第 1 節では、日本語母語話者コーパス調査を行い、日本語母語話者における「に対して」の使用実態を解明する。第 2 節では、中国国内で広く使われる中国語を母語とする日本語学習者向けの総合教材における「に対して」の扱い方及びその問題点を明らかにする。第 3 節では、「に対して」を指導する際に必要な項目を検討す

る。第4節では、中国語を母語とする日本語学習者向けの教材における「に対して」の扱い方を提案する。

1. コーパス調査

　日本語母語話者における「に対して」の使用実態を調べるために、コーパス調査を行った。本節ではその方法と結果について述べる。
　「に対して」はよく書き言葉として使われるため、『現代日本語書き言葉均衡コーパス』(BCCWJ)のオンラインツール「中納言」を利用した。

1.1　「に対して」各用法の出現数

　従来の研究(国立国語研究所2001、グループ・ジャマシイ2001など)では、「に対して」の意味用法を「対象」、「比較・対照」、「割合」①の三つとしている。本章はBCCWJのコアデータから「に対して」の用例を319例収集した。319例のうち連体用法「に対しての」の用例8例を除いた連用修飾用法「に対して」の用例311例が分析対象となる。「に対して」各用法の用例数を示したものが表1である。

---

　①　「対象」、「比較・対照」、「割合」用法は例を挙げると、それぞれ以下のようになる。a.「対象」:「技術革新の進展や産業構造・雇用形態の変化に対応するため、ものづくり労働者をはじめとした社会人に対して、大学などの高等教育機関において継続的な再教育を行うことが重要になっている。」b.「比較・対照」:「男子では保護処分歴のある初入者が全体のほぼ半数であるのに対して、女子では保護処分歴のない初入者が全体の6割弱を占めている。」c.「割合」:「大きめの鍋にたっぷりの湯を沸かし、塩(湯31に対して塩大さじ12分1が目安)を入れます。」

表 1.「に対して」各用法の出現数

	対象	比較・対照	割合	合計
個数	272	35	4	311
比率	87.5%	11.3%	1.2%	100%

　表1から「に対して」の「対象」用法が全用例の9割近くも占めていることがわかる。さらに、「対象」を表す「に対して」文272例を見ると、その述部①に形容詞や名詞がくる用例はわずか5例であり、残りの267例はすべて動詞であることがわかる。しかし、この述部に動詞がくる267例のうち、動詞の直前に「に対して」が使われた文は5例(全用例の1.9%)しか見られない。

1.2　「に対して」の先行名詞と後ろにくる形式

　「中納言」の短単位検索を利用し、「に対して」の用例②を28987例抽出し、このうち連体用法の「に対しての」の用例610例を除外し、合計28366例を分析した。出現頻度が100以上の「に対して」の先行名詞は10148例あり、全用例の35.8%を占める。それを示したのが

---

　①　本論文で指す述部は「に対して」が関わっている形式を指し、文全体の述部と必ずしも一致していない。例えば、「独占禁止法上問題となるような権利管理事業者の行為に対して適切に対応することが必要である」という文は名詞述語文であるが、「に対して」が関わっているのは「適切に対応する」なので、述部に動詞がくる例とした。
　②　検索方法:キー：(品詞 LIKE "助詞-格助詞%" AND 語彙素 = "に") AND 後方共起：(品詞 LIKE "動詞-一般%" AND 語彙素 = "対する") ON 1 WORDS FROM キー AND 後方共起：(品詞 LIKE "助詞-接続助詞%" AND 語彙素 = "て") ON 2 WORDS FROM キー WITH OPTIONS unit="1" AND tglWords="20" AND limitToSelfSentence="0" AND endOfLine="CRLF" AND tglKugiri="|" AND encoding="UTF-8" AND tglFixVariable="2"

表2である。

表2.「に対して」の先行名詞(100回以上)

ヒト、モノ名詞、代名詞	物、ひと、もの、たち、方、相手、私、自分、国民、ら、これ、それ、等
組織名詞	国、企業、会社、日本
形式名詞	の、こと
抽象名詞	質問、問題

次に、「に対して」の直後にくるものを見ると、その上位3位を占めたのは表3のとおりである。

表3.「に対して」の直後にくるもの(1000回以上)

、①	7702
は	3533
も	1663
合計	12898

　表3で挙げている形式が全用例の45.5%を占める。興味深いことに、これらの形式「、」「は」「も」は「に対して」とその後ろにくる述部との区切りにもなると言えるものである。試みに、BCCJWの全データから無作為に「に対して」の用例を2000例取り出して分析した結果、「に対して」が述語動詞の直前にくる文はわずか15例であり、全用例の1%も占めていないことがわかった。この現象から「に対して」は述語動詞の直前には用いにくいと言える。

---

① 「,」も含める。

また、BCCJWのコアデータから収集した「対象」を表す「に対して」の用例272例を分析したところ、「~に対して~を+動詞」という構文は131例であり、全用例の48.2%を占めていた。これに対し、「~を~に対して+動詞」という構文はわずか4例しか見られない。これも「に対して」が述語動詞の近くにはきにくいことを示唆している。

さらに、長単位「に対して+動詞」①という方法で収集した「に対して」の用例2451例を分析し、その後ろにくる動詞を表4で示す。

表4. 「に対して」の後ろにくる動詞（全用例の50%、上位47位）

行う、抱く、支払う、持つ、する、使う、成す、言う、取る、与える、有する、課する、交付する、実施する、課す、向ける、助成する、怒る、支給する、答える、開く、提供する、適用する、課税する、補助する、用いる、使用する、要求する、求める、戦う、遣る、交付する、質問する、できる、負う、支援する、生ずる、感ずる、有る、示す、出す、請求する、設定する、負担する、果たす、報告する、支出する

「に対して」の後ろにくる異なり数828の動詞のうち、表4で挙げている47の動詞が全用例の50%を占めることは、これらの動詞が集中して現れることを示している。

1.3　まとめ

以上、コーパス調査の結果をまとめると、以下の四点になる。

---

　① キー：品詞 LIKE "動詞%" AND 前方共起：語彙素 = "に対して" ON 1 WORDS FROM キー WITH OPTIONS unit="2" AND tglWords="20" AND limitToSelfSentence="0" AND endOfLine="CRLF" AND tglKugiri="|" AND encoding="UTF-8" AND tglFixVariable="2"

(2) a.「に対して」の9割近くが「対象」を表す用法である。
b.「に対して」の前接語は人・ことを表す名詞がきやすい。
c.「に対して」の直後に述部と区切りがある形式「、」、「は」、「も」が全用例の半分近くを占め、述語動詞がくる用例はごく少ない。
d.「~に対して~を~動詞」という構文が全用例の半分近くを占める。

2. 教材における「に対して」の扱われ方とその問題点

本節では中国国内で広く使われている日本語の総合教材における「に対して」の導入時期、意味解説、例文から、「に対して」の扱われ方と問題点を見る。

2.1 教材における「に対して」の導入時期

取り上げた総合教材における「に対して」の導入時期を表5に示す。

表5.「に対して」の導入時期(「×」は導入されていないことを表す)

教材名＼意味用法	対象	比較・対照
《综合》	第3冊第4課	第3冊第5課
《标准》	中級上冊第2課	中級上冊第7課
《新编》	×	第4冊第3課

2. 教材における「に対して」の扱われ方とその問題点

表5から次の二点が分かる。

一つ目はすべての教材において「に対して」の「比較・対照」用法が導入されているが、《新編》では「に対して」の「対象」用法が導入されていないことである。表1からわかるように、「に対して」の9割近くが「対象」を表す用法であるため、「対象」を表す用法が「に対して」の典型的な用法であると言えるであろう。《新編》では「に対して」の「対象」用法が導入されていないという点は、「に対して」の典型的な用法が導入されていないことを示す。

二つ目は《综合》と《标准》では「対象」、「比較・対照」用法という順で導入されていることである。これは典型的な用法から導入するという一般的な文法の提出順序に合っていると言える。

2.2からは「に対して」の典型的な用法—「対象」を表す用法を中心に述べる。

2.2 「に対して」の扱われ方

2.1で分析対象とした日本語の総合教材では、「対象」を表す「に対して」は次のように扱われている。

> 《综合》：一般接在指称人或抽象事物的名词后面、表示动作的对象、谓语多为指称言语行为、态度、授受行为的动词。相当于汉语的"对（于）"（p98）。
> 〔多くはヒト名詞や抽象物事名詞に接続し、動作の対象を表す。述部に言語行為や態度、授受行為を表す動詞がきやすい。中国語の"対（于）"に相当する。〕
> 《标准》：意味：Nを対象として；Nに。提示：该句型中的体言"N"表示作用的对象、或评价、判断的对象。可译为"对……"等。（p25）
> （意味：Nを対象として；Nに。この文型の体言「N」は作用の

対象、あるいは評価、判断の対象を表す。中国語の"対……"などに訳せる。)
《新编》:導入されていない。

以上の教材における「に対して」の扱われ方をまとめると、表6になる。

表6. 教材における「に対して」の扱われ方(「×」は説明が与えられていないことを表す)

	前接語	述語動詞	意味解説	中国語訳
《综合》	ヒト名詞・抽象物事名詞	言語行為や態度、授受行為を表す動詞	動作の対象を表す	"対(于)"
《标准》	体言	×	作用の対象或いは評価や判断の対象を表す	"対"
《新编》	×			

表6から、次の二点がわかる。一つ目は《综合》と《标准》では「に対して」の意味用法と前接する名詞、中国語訳が与えられているという点である。二つ目は《综合》では「に対して」と共起する動詞が与えられているが、《标准》では与えられていないという点である。

問題点としては、以下の三点が指摘できる。

一つ目は「に対して」の基本的意味の解説が不十分であったり、誤解を招きやすかったりする点である。例えば、《标准》では「に対して」の意味用法を「に」で解説しているため、学習者に「に」と「に対して」を同一視させる可能性がある。また、《标准》では「評価、判断の対象」という用語が与えられており、「にとって」との混同を

招く可能性が想定しうる。

　二つ目は「に対して」と共起する表現の解説が不十分であったり、与えられていなかったりする点である。例えば、《标准》では「に対して」の前接語が「名詞」とされ、大まかなことを言っているだけであり、学習者に有益なヒントは提供されていない。また、《标准》では「に対して」と共起する述部が提示されていない。

　三つ目は日本語の「に対して」とその中国語訳とのずれが説明されていない点である。冒頭で見たように、中国語の"对"は日本語の「に対して」と対応していない場合も多いため、中国語を母語とする日本語学習者の特徴を考慮し、両者の対応関係を解明すべきだと考えられる。

2.3　「に対して」の例文

　《综合》(3)と《标准》(4)では「に対して」の例文をそれぞれ5文ずつ挙げている。

(3) a. いつも空手部の先輩に対して敬語を使っているものですから。
　　b. お客さんに対しては丁寧に接しなければならない。
　　c. 地震の被害者に対して飲料水や食料が提供された。
　　d. この制度に対して疑問を持っている人は少なくない。
　　e. 李さんは王さんの主張に対して反論した。
(4) a. 店員はお客に対して丁寧な態度をとらなければならない。
　　b. 両親は私の決めたことに対して反対した。
　　c. 木の家は地震に対して強いが、火事に対しては弱い。
　　d. 登山をする時は、変わりやすい山の天気に対して十分な注意が必要である。
　　e. 私みたいな子供連れの外国人がいたら、その人たちに対し

てどんな態度をとるだろうか。

　これらの例文から次の二点が指摘できる。
　一つ目は教材で挙げられている「に対して」に前接する名詞は「先輩、お客さん（2回）、被害者、制度、主張、決めたこと、地震、天気、外国人」であり、表2で挙げた出現頻度が高い名詞は一つも出てきていないことである。また、「に対して」の直後に「は」が出てくる例文は1文挙げられているが、「、」、「も」などの例文は一例も挙げられていない。
　二つ目は「～に対して～を～動詞」という構文を持つ文は4文（全用例の40%）挙げられており、BCCWJの調査結果と大体一致していることである。しかし、「に対して」の直後に動詞がくる例が2文も（全用例の20%）挙げられており、コーパスから見た0.5%よりはるかに高い。また、これらの例文について特に解説も与えられていないため、(1)のような「に対して賛成する」、「に対して尊敬する」という不自然な文を類推で産出させる可能性がある。

2.4　まとめ

　以上、現在中国で広く使われている中国語を母語とする日本語学習者向けの総合教材における「に対して」の扱われ方及びその問題点を検討した。その改善すべきところとして、以下の三点があると筆者は考える。
　一つ目は「に対して」がよく使う文型を提示し、最も典型的な用法を学習者に提示することである。二つ目は他の形式と区別できる意味解説を与えることである。三つ目は中国語を母語とする日本語学習者の特徴を考慮し、その中国語訳とのずれを説明することである。
　以下、第3節においては「に対して」を指導する際に必要な項目

として、「に対して」が使われる文型、基本的意味、使用条件、中国語訳という順にそれぞれを見ていく。

3.「に対して」の指導上必要な項目

3.1 「に対して」が使われる文型

「に対して」文が「(Aは)Xに対してB」という構造を持つとして、以下それぞれX、A、Bの位置にくる成分を見てみよう。

金(2010：173)はBCCWJから収集した500例の「に対して」文を分析した結果、以下の結論を得ている。

> 「に対して」の場合は、「ヒト」、「コト」と共起していることがわかった。「ヒト」でも「コト」でも「行為・動作」ともっとも共起しやすく、次いで「態度・感情」とも共起していたが、「について」とは異なり、「思考」、「調査」とはあまり共起しないことが明らかになった。前接語が「ヒト」の場合は「言語」とも共起していたが、「モノ」の場合は0であった。

表2で挙げている「に対して」とよく共起する前接語もほぼ「ヒト」、「コト」とまとめられるため、本書は金(2010)に従い、「X」の位置に「ヒト」、「コト」を表す形式がくるとする。

Bの位置に「行為・動作」、「態度・感情」がくると金(2010)は述べているが、このまま教育現場に持ち込むと、誤解を招きやすい。例えば、「動作」という用語は学習者に「なぐる」、「打つ」のような具体的な動作動詞を「に対して」文にも使えるという誤解を招く可能性が想定しうる。

また、馬(2003：39-40)はBに形容詞と動詞がくると主張してお

り、以下のように述べている。

　「に対して」文の述語になる形容詞について、主として人または事物に対する、主語である人称名詞の、態度・反応を表明する形容詞で構成されている。(中略)述語には行為動詞が一番よく使用され、存在動詞、形式動詞が使用される場合もある。動作動詞はめったに使用されないものの、言語活動や思考活動を表す動詞が使用されることがある。

　馬(2003)の記述も金(2010)と同じように、教育現場には持ち込みにくいと思われる。例えば、Bに形容詞がくる場合、「いい」、「早い」はそれぞれ「態度」・「反応を表明する形容詞」であるが、「に対して」とは共起しにくい。また、「存在動詞、形式動詞」という用語も学習者には馴染みにくいであろう。
　本書はBに「行為動詞」、「態度・感情」を表す形容詞がくるとする。また、誤用を避けるという観点から、学習者にBの位置にきにくい形式も合わせて提示するのが効率的であると思われ、Bの位置にきにくい形式を(5)のように提案する。

(5) a. Bには判断や評価を表す形式がきにくい。
　　 b. Bには具体的な動作を表す動詞がきにくい。

　(5a)は「にとって」との混同、(5b)は「に向かって」、「を」、「に」などとの混同を避けられると思われる(詳しい論述は3.4にゆずる)。また、1.2で見たように、「に対して」の直後には区切りがある形式(「、」、「は」、「も」)が全用例の半分近くを占めており、述語動詞がくる用例はごく少ない。学習者に「に対して」の直後に述語動詞がきにくいことも合わせて提示すれば、冒頭で挙げた(1)の

Aは助詞「は」の前にくるため、名詞性成分となる。また、(6)のようなAに相当するものが表に現れない場合もある。

(6)「どんな日本文化に興味がありますか」という質問に対して、回答の上位三位は茶の湯・盆栽、日本家屋・庭園、武道。

　以上をまとめると、「Xに対して、(Aは)B」におけるX、A、Bはそれぞれ Xにはヒト・コト名詞、Aには名詞性成分、Bには「行為動詞」、「態度・感情」を表す形容詞がくる(判断や評価を表す形式、具体的な動作を表す動詞が来にくく、また、「に対して」は述語動詞の直前に用いにくい)となる。
　また、例文としては、表2、表3で挙げている出現頻度が高いものを挙げると「に対して」の典型的な使い方が習得できると思われる。

3.2　「に対して」の基本的意味

3.2.1　「に対して」の意味用法に関する先行研究

　「に対して」の意味用法に関しては、「動作や態度、感情の対象を表す」という記述が共通しているように思われる。

(7) a. 動作・感情・態度の向けられる対象を表します。(庵他 2001：15)
　　 b. 行為や感情が向けられる対象。(友松他 2007：28)

　しかし、これらの記述では「動作や態度、感情の対象」を表す「を」、「に」などとの混同につがなる可能性がある。例えば、「先生

を尊敬する」という文では、「尊敬する」という行為の対象は「先生」であり、「彼は彼女の長い髪にそっと触れた」という文では、「に」が表す「触れた」という動作の対象は「彼女の長い髪」であるが、これらには「に対して」は使えない。

「に対して」を他の形式との違いに目を向ける記述として、庵他（2001）、市川（2007）などが挙げられる。

(8) a.「に対して」は多くの場合、ニ格で言い換えることができます。（中略）「敵国に対して出された要求はすべて拒否された。」のように受身文で動作主と混乱しやすい場合には、「に対して」を使うことによって対象であることがはっきり表されます。（庵他 2001：15）
b.「このごろの親は子供に対して甘すぎる。」、「組合は会社の要求に対して抗議をした。」では「に対して」の代わりに「に」を用いても意味は変わりませんが、対象を明確にし、方向をはっきりさせるために「に対して」も用いられています。（市川 2007：29）

これらの記述から以下の二点が読み取れる。一つ目は「に対して」はほぼ「に」で置き換えられること、二つ目は「に対して」は「に」よりその表す対象を明確にする機能を持つことである。

3.2.2 「に対して」の基本的意味に関する本書の立場

他の形式との使い分けも視野に入れ、「に対して」の基本的意味を(9)のように捉える。

(9)「に対して」の基本的意味：「(Aは)Xに対してB」という構造を持ち、「述部B全体が向かう対象がXであることを明確に

3.「に対して」の指導上必要な項目

示す」という意味を表す。

例文を見てみよう。

(10) a. 長嶋さんに対して失礼な事を言わないで下さい。
　　 b. ブレゲは、シャップの要求に対して、すでに述べたユニークな機構を提案する。

(10)では「に対して」を使うことによって、述部B「失礼な事を言わないで下さい」、「すでに述べたユニークな機構を提案する」全体が向かう対象がX「長嶋さん」、「シャップの要求」であることを明確に示している。これらの文では単に動詞述語「言わない」、「提案する」だけではなく、その前の「失礼なこと」、「すでに述べたユニークな機構」とともにX「長嶋さん」、「シャップの要求」を修飾している。(10)を(11)のように「に対して」を動詞の直前に持ち込むと非文になることも「に対して」が単に述語動詞だけでなく、述部B全体でXを修飾していることを表している。

(11) *a. 失礼な事を長嶋さんに対して言わないで下さい。
　　 *b. ブレゲは、すでに述べたユニークな機構をシャップの要求に対して提案する。

また、(10a)における「に対して」は「に」で言い換え可能であるが、(10b)は「に」で言い換えにくい。しかし、いずれの場合も「対して」を使うことによって、述部が向かう対象が「X」であることを明確に示している点で共通している。「その表す対象Xを明確に示す」のが「に対して」の果たす機能であると言えよう。

3.3 「に対して」の使用条件

3.3.1 「に対して」の使用条件に関する先行研究

　3.2.1でも見たように、先行研究では「に対して」はほぼ「に」で言い換えられ、「に」よりその表す対象を明確に示す機能を持つ（佐藤1989、庵他2001、市川2007など）という記述が共通している。

　また、「に」は使えるが、「に対して」が使えない場合として、庵他（2001：15）ではニ格で表される対象のうち動作が直接及ぶ対象の場合が挙げられている。

　（12）a. 彼は彼女の長い髪｛×に対して／○に｝そっと触れた。
　　　　b. お別れに、彼女のほほ｛×に対して／○に｝キスをした。

　（12）以外にも、「に」が使える場合に「に対して」を使うと不自然になる例もある。（13）を見てみよう。

　（13）a. システムは別々のファイル記述子テーブルを各プロセス｛？に対して／○に｝保持している。
　　　　b. 私も大部分の人々の意見のように、死刑制度の存置｛？に対して／○に｝賛成する。

　しかし、（13）における「に対して」の文中での位置を変えると、自然な文となる。（13）'を見てみよう。

　（13）a' システムは各プロセス｛○に対して｝別々のファイル記述子テーブルを保持している。
　　　　b' 死刑制度の存置｛○に対して｝、私も大部分の人々の意見

のように賛成する。

　このように、「に対して」は述語動詞の直前にくると違和感があるが、述語動詞との位置が離れると使えるようになる。これは1.2でコーパス調査からみた「に対して」の使用傾向—述語動詞の直前に「に対して」がくる用例がごく少ないといった点と合っている。
　以上をまとめると、次の二点になる。一つは「に対して」は述語動詞との位置が離れているときに使い、述語動詞の直前には使われにくいことである。もう一つは「に対して」が「に」で表される対象のうち動作が直接及ぶ対象を表す文には使えないことである。

3.3.2　「に対して」の使用条件に関する本書の立場

　「に対して」の基本的意味「Bが向かう対象がXであることを明確に示す」から、「に対して」の使用条件を以下のように捉える。

3.3.2.1　XとBの関係を明確に示す必要がある文に使う

　佐藤(1989：41)は「に対して」は「関係の明確化」機能を持つと指摘している。具体的には、修飾と被修飾の間に距離がある場合や、その間に他の語が入り、そこに他の「ニ格」が使われている場合はニ格でも使えるが、わかりにくくなってしまうため、「に対して」を用いて関係をはっきりさせていると指摘している。言い換えれば、こうした場合、XとBの関係が捉えにくくなるため、Bが向かう対象がXであることを明確に示す必要があるのであろう。
　また、1.2で見たように、「に対して」は動詞の直前にきにくいことがコーパス調査によって明らかになった。その理由としては以下のように考えることができる。
　神尾・髙見(1998：131)は「強調ストレスや形態的にマークされた焦点要素を含まない文中の要素は、通例、より重要でない情報からより重要な情報へと配列される」という「情報の流れの原則」(神

尾・高見1998：131)を提唱している。奥(2008：71)は「情報の流れの原則」を応用し、日本語では動詞の直前の要素が「焦点核」であると提案している。

　動詞の直前の要素が「焦点核」であるゆえ、その後ろにくる動詞との関係が明確になっていると考えてもよい。このような動詞の直前にくる要素と動詞との関係がすでに明確になっている場合、「関係の明確化」機能を持つ「に対して」を使う必要性は低いであろう。

　このように、XとBの関係が捉えにくい場合には「に対して」の使用が要求されているが、XとBの関係がはっきりしている場合(本章で言うと、Xは述語動詞の直前にくる場合)には「に対して」が用いられにくい。これを学習者に提示すれば、冒頭(1)で挙げたような「に対して」を動詞の直前に使う不自然な文は避けられるはずである。

3.3.2.2　XがただBの向かう方向やBと接触する文には使えない

　3.2.1では「に対して」の基本的意味を「述部 B 全体が向かう対象がXであることを明確に示す」としている。この基本的意味から次の二点がわかる。一つ目はXはBの対象であり、ただBの方向を表すだけの文には「に対して」が不適格なことである。例えば、(1d)におけるXの「窓」はBの「座る」が向かう方向であるが、「座る」という動詞の対象にならないため、「に対して」が使えないのである。二つ目はXがBの向かう対象であり、つまり、XとBが接触していない状態にあることである。庵(2001)が指摘している「ニ格で表される対象のうち動作が直接及ぶ対象」文では、XがBの向かう対象ではなく、Bという動作が直接及ぶ(接触する)対象であるため、「に対して」は不適格とされている。

3.4　「に対して」の中国語訳

　2.2で見たように、教材では日本語の「に対して」の中国語訳とし

て"対"が与えられているが、(1)のような中国語では"対"か"対+アルファ"で表しうる文は、日本語の「に対して」と対応していない。

馬(2003：38)は、中国語の介詞"対"の意味用法を以下の四種類に分けている。

(14) a. "表示方向"(「方向」を表す)
　　 b. "表示対象目標"(「対象・目標」を表す)
　　 c. "表示対待关系"(「対処関係」を表す)
　　 d. "表示渉及关系"(「関連関係」を表す)

さらに、馬(2003：41)は日本語の「に対して」との対応関係として(15)のように述べている。

(15) a. 「対処関係」の"対"に対応している。
　　 b. 「対象・目標」を表す"対"の中の「述語動詞が非動作動詞」である場合、それに対応する。
　　 c. 「方向」を表す"対"と、「関連関係」を表す"対"とには対応しない。
　　 d. 「対象・目標」を表す"対"の中の「述語動詞が動作動詞」である場合、及び"对于(对)……(来说)"が文の実質的な主体を示す場合、それらに対応しない。

両言語で対応する部分(15a)、(15b)は誤用が起きにくいため、ここでは主にその対応しないところ(15c)、(15d)を見る。また、「関連関係」、「対処関係」という用語は学習者にとって理解しにくいため、意味用法ではなく、述部の違いからその対応関係を述べることにする。

まず、"対"が「方向」を表すとき、傅他（1997：177）は「其中的谓语动词通常是些表示具体动作的词语」（述語動詞には主に具体的な動作を表す動詞がくる）と述べている。このように、馬（2003）が指摘している「方向」を表す"対"と「対象・目標」を表す"対"の中の「述語動詞が動作動詞」である場合は総じて述語動詞が具体的な動作を表す動詞の場合、中国語の"対"は使えるが、日本語の「に対して」は使えないとまとめられる。
　次に、「関連関係」を表す"対"は主に日本語の「にとって」と対応する。庵（2001：16）は「にとって」は、「重大だ、難しい、大切だ」などの評価を表す語が述語になる点で「に対して」とはっきり区別されると指摘している。したがって、判断や評価を表す述部がくる場合、中国語の"対"が日本語の「に対して」ではなく、「にとって」に対応すると学習者に提示すれば（1e）のような誤用は避けられるはずである。
　最後に、馬（2003）が指摘している「"対于（対）……（来说）"が文の実質的な主体を示す場合」は、日本語の「としては」或いは「が」が要求される場合である。謝（2013a）はアンケート調査によって、「としては」（「が」）が使われるべきところに、学習者が「にとって」を使う誤用は多いが、「に対して」への誤用率はかなり低いことを明らかにしている。また、中国語における"対"も主体ではなく、対象を表しているため、文の実質的な主体を表す場合、「に対して」が使われる可能性は低いと言え、この点は学習者に提示しないことにする。
　以上見てきたように、中国語の"対"が使えるが、日本語の「に対して」が使えない場合としては述部に具体的な動作を表す動詞と判断や評価を表す形式がくるときである。

4. 教材における「に対して」の扱い方に関する提案

以上の考察に基づいて、中国語を母語とする日本語学習者向けの総合教材における「に対して」の扱い方を(16)のように提案する。

(16) a. 「Xに対して、(Aは)B」という文型に用いる。
   b. A＝名詞性成分；X＝ヒト、コト名詞；B＝「行為動詞」、「態度・感情」を表す形容詞(「に対して」の直後には「、」、「は」、「も」がきやすいが、述語動詞はきにくい)。
   c. 基本的意味：述部全体が向かう対象がXであることを明確に示す(述部B全体でXを修飾している)。
   d. 使用条件：①XとBの関係を明確に示す必要がある文に使う。②XがただBの向かう方向やBと接触する文には使えない。
   e. 中国語の"对"は「に対して」の他に、「に」、「を」、「について」、「にとって」、「に向かって」などとも対応しうる。述部に具体的な動作を表す動詞や判断・評価を表す形式がくる場合、「に対して」は使えない。

例文としては、第1節コーパス調査の考察結果を参考にしながら、(17)のような5文を挙げる。

(17) a. 目上の人に対して文句を言わないで下さい。
   b. 犯人に対して更生のチャンスを与えるべきである。
   c. 障害のある人に対して、特別障害給付金制度があります。
   d. 裁判に対しては、不服を申し立てることができない。
   e. 夫が妻や子供に対して行う暴力は絶対に許せない。

第八章

結　論

1. 本書のまとめ

　本書は第二言語を習得する際に教材が果たしている役割を明らかにしたうえで、日本語教育文法の観点から、中国語を母語とする日本語学習者向けの複合格助詞「にとって」、「として(は)」、「について(は)」、「に対して」に関する教材開発を行ってきた。
　第二章では、日本語教育文法と複合格助詞の研究現状を概観した上で、日本語教育文法の観点から複合格助詞を考察する必要性を論じた。
　第三章では、アンケート調査によって中国語を母語とする日本語学習者が中国語の介詞"対"とその関連形式"対+アルファ"が日本語の複合格助詞「に対して」、「にとって」、「として」、「に向かって」、「について」とどのような対応関係にあると理解しているのかを解明した。その上で、誤用の原因を母語干渉だけでは説明できないとし、学習者が教材で習った通りに「に対して」、「にとって」、「として」、「に向かって」、「について」を使っている可能性を示し、第二言語を習得する際に果たしている教材の役割を明らかにした。
　第四章から第七章まではコーパス調査によって、BCCWJから「に

1. 本書のまとめ

とって」、「として(は)」、「について(は)」、「に対して」の前後にくる語を考察し、教材調査によってこれらの複合格助詞の扱われ方と問題点を明らかにしたうえで、中国語を母語とする日本語学習者向けの教材における「にとって」、「として(は)」、「について(は)」、「に対して」の扱い方に関する提案を行った。各章の考察結果は以下の通りである。

　第四章では、中国語を母語とする日本語学習者向けの複合格助詞「にとって」に関する教材開発を行った。考察の結果は以下の通りである。

Ⅰ．「XにとってAはBだ」という文型に用いる。
Ⅱ．X＝ヒト名詞・組織名詞、A＝名詞性成分、B＝名詞・形容詞。
Ⅲ．基本的意味：Xの立場から見れば、「AはBだ」という判断や評価を話し手が行う。（Xは主体ではなく、受け手である）
Ⅳ．使用条件：
　　a. 判断や評価を行う必要がある文に使う。
　　b. 「X」と「A」がある関わりを持っている関係にあると想定しうる文に使う。
Ⅴ．日本語の「にとって」は大体中国語の"対…来说"と対応するが、次の2点で異なる。
　　a. 日本語の「にとって」は主体にならないのに対し、中国語の"対…来说"は主体を表す場合もある。
　　b. 日本語の「にとって」は判断文にしか使われないが、中国語の"対…来说"は判断文に限らず、他の文型にも使える。

　第五章では、中国語を母語とする日本語学習者向けの複合格助詞「として(は)」に関する教材開発を行った。考察の結果は以下の通りである。

Ⅰ．「Xとして(は)、B」という文型に用いる。
Ⅱ．Xには「人・組織名詞」、「抽象名詞」がくる；Bには行為動詞

がきやすいが、具体的な動作を表す動詞はきにくい。
Ⅲ. 意味用法：
　a. X≠B、且つXは「その他の名詞②」(当時、主、可能性、イメージなど)以外の場合、「Xとして(は)B」は「Xという資格・身分・立場・名目でB(をする/Bである)」という意味を表す。
　b. X≠B、且つXは「その他の名詞②」(当時、主、可能性、イメージなど)の場合、「Xとして(は)B」全体で副詞としてBを修飾する。
　c. X=B、且つXは「その他の名詞①」(方法、理由、例、要因、原因、特徴、結果など)の場合、「Xとして(は)B」は「XをBで説明する」という意味を表す。
Ⅳ. 使用条件：
　a. 他でもない、Xという特定の状況において、Bが成立するときに使う。
　b. 「主題」や「対比」を表すときは「としては」、そうでないときは「として」を使う。
Ⅴ. 中国語訳：
(Ⅲa)の意味を表すときは、ほぼ中国語の"作为"と対応しているが、(Ⅲb)の意味を表すときは、中国語の"作为"と対応していない。その中国語訳では、「Xとして(は)」における「X」のみと対応している。(Ⅲc)タイプの「として(は)」は中国語の"是"、"有"などと対応する場合が多く、中国語の"作为"に訳すと、やや違和感がある。

第六章では、中国語を母語とする日本語学習者向けの複合格助詞「について」と「については」に関する教材開発を行った。考察の結果は以下の通りである。
「について」：

Ⅰ.「Xについて、B」という文型に用いる。
Ⅱ. X＝コト・ヒト名詞、B＝言語系動詞。
Ⅲ. 基本的意味：後ろにくる一つ目の言語系動詞がXを対象とし、そのXと関連することを述べる。
Ⅳ. 使用条件：後ろにくる一つ目の言語系動詞がXと関連することを述べるときに使う。
Ⅴ. 中国語訳：ほぼ中国語の"关于"と対応するが、"对"、"对于"とも対応しうる。ただ、対象を明確に示そうとするとき、中国語の"关于"は使えず、"对于"の使用を要求する。

「については」：
Ⅰ.「Xについては、B」という文型に用いる。
Ⅱ. X＝コト・ヒト名詞；B＝述部全体、述語の形式は問わない。
Ⅲ. 基本的意味：後ろにくる文全体がXを主題とし、そのXと関連することを述べる。
Ⅳ. 使用条件：これから述べる文全体がXと関連することを述べるときに使う。
Ⅴ. 中国語訳：ほぼ中国語の"关于"と対応するが、"对于"とも対応しうる。ただ、対象を明確に示そうとするとき、中国語の"关于"は使えず、"对于"の使用を要求する。

第七章では、中国語を母語とする日本語学習者向けの複合格助詞「に対して」に関する教材開発を行った。考察の結果は以下の通りである。
Ⅰ.「Xに対して、(Aは)B」という文型に用いる。
Ⅱ. A＝名詞性成分；X＝ヒト、コト名詞；B＝「行為動詞」、「態度・感情」を表す形容詞（「に対して」の直後には「、」「は」、「も」がきやすいが、述語動詞はきにくい。）
Ⅲ. 基本的意味：述部全体が向かう対象がXであることを明確に示す。（述部 B 全体でXを修飾している）

Ⅳ. 使用条件：
　　a. XとBの関係を明確に示す必要がある文に使う。
　　b. XがただBの向かう方向やBと接触する文には使えない。
Ⅴ. 中国語の"対"は「に対して」の他に、「に」、「を」、「について」、「にとって」、「に向かって」などとも対応しうる。述部に具体的な動作を表す動詞や判断・評価を表す形式がくる場合は「に対して」が使えない。

また、自学しようとする学習者や、中国国内で教鞭を執る現場の教師が気楽に使えるものとして、本書の考察結果を基に作成した日本語版と中国語版の「にとって」、「として（は）」、「について（は）」、「に対して」の文法ハンドブックを付録におさめる。

2. 今後の課題

以上、教材における「にとって」、「として（は）」、「について（は）」、「に対して」の扱い方と問題点、日本語母語話者におけるこれらの複合格助詞の使用実態を明らかにしたうえで、「にとって」、「として（は）」、「について（は）」、「に対して」に関する教材開発を行った。しかし、本研究には課題も多く残されている。以下、本研究の今後の課題を三点挙げる。

第一に、本書では「については」、「としては」について考察したが、複合格助詞につく「は」という形式の全体の意味機能は考察できなかった。

「は」がつく複合格助詞の機能については、「主題」と「対比」（三枝2008）を表すのが一般的であるが、その「主題」と「対比」は多くの先行研究によって指摘されているように、両者の区別が必ずしも明確ではない。また、複合格助詞につく「は」を一つのまとまりとしてみるのか、複合格助詞+「は」とわけてみるのか、その根拠はど

2. 今後の課題

こにあるのか、今の段階では合意が得られていない。

　第二に、複合格助詞全体の教材開発を行うことができなかった。本書は、複合格助詞の中でその使用頻度が高い形式「にとって」、「として(は)」、「について(は)」、「に対して」しか考察しなかった。他の複合格助詞が使われる文型、意味用法、使用条件、対応する中国語訳とのずれも解明し、複合格助詞の全体像を示すことが学習者への複合格助詞指導にとっては極めて有意義なことであると考えられる。

　第三に、本書は複合格助詞の連用用法しか考察しておらず、複合格助詞の連体用法は考察できなかった。また、連用用法のうち、複合格助詞+「も」、「、」という形式も考察に至らなかった。特に、複合格助詞+「も」、「、」のような複合格助詞と述語との間に区切りがある形式は、そうではない複合格助詞とどのような違いがあるのか。また、これらの形式が文中で果たす機能は複合格助詞+「は」と同一視できるかどうかなどといった点は非常に興味深いところである。

　上記の三点を今後の主たる課題として、更なる研究の深化を目指していきたい。

参考文献

庵功雄・高梨信乃・中西久実子・山田敏弘(2001),『中上級を教える人のための日本語文法ハンドブック』,スリーエーネットワーク.
庵功雄(2011),「日本語記述文法と日本語教育文法」,森篤嗣・庵功雄編『日本語教育文法のための多様なアプローチ』,ひつじ書房,1-12.
庵功雄(2012),「日本語教育文法の現状と課題」,『一橋日本語教育研究』1,1-12.
庵功雄(2013),『日本語教育・日本語学の次の一手』,くろしお出版.
市川保子(1997),『日本語誤用例文小辞典』,イセブ.
市川保子(2007),『中級日本語文法と教え方のポイント』,スリーエーネットワーク.
奥聡(2008),「言語能力と一般認知能力との相互関係：生成文法の試み」,『北海道英語英文学』53,41-77.
小野純一(2005),「『について』『にとって』『に対して』の指導―中国語との比較を通して」,『中京国文学』24,1-10.
神尾昭雄・高見健一(1998),『談話と情報構造』,研究社出版.
金蘭美(2009),「『xにとってAはB』構文の意味・用法―母語話者と

学習者の使用例の比較を通して―」,『日本語教育』142, 102-112.

金蘭美(2010),『日本語コーパスを対象とした日本語学習者の「複合助詞」の使用に関する研究』,東京学芸大学博士論文.

楠本徹也(2007),「『コミュニケーションのための日本語教育文法』という幻想 」,『東京外国語大学論集』74, 1-18.

グループ・ジャマシイ(1988),『教師と学習者のための日本語文型辞典』, くろしお出版.

国立国語研究所(2001),『現代語複合辞用例集』, 国立国語研究所.

小林ミナ(2002),「日本語教育における教育文法」,『日本語文法』2(1), 153-170.

小林ミナ(2013),「日本語教育文法の研究動向(特集 日本語教育文法の今)」,『日本語学』32(7), 4-17.

三枝令子(2008),「複合助詞につく『は』―『について』と『については』―」,『一橋大学留学生センター紀要』11, 3-15.

坂井厚子(1992),「『について』『に対して』の意味・用法をめぐって」,『信州大学教養部紀要』26, 139-152.

佐伯哲夫(1966),「複合格助詞について」,『言語生活』178, 80-87.

佐藤尚子(1989),「現代日本語の後置詞の機能―『～について』と『～に対して』を例として―」,『横浜国大国語研究』7, 35-44.

佐藤尚子・小高愛・白鳥智美・宮川和子・遠藤真由美(2001),「社会科教科書における後置詞について」,『千葉大学留学生センター紀要』7, 43-88.

謝冬(2015),「日本語教育文法の観点からみる中国人日本語学習者向けの文法指導―『として』を例に―」,『北研学刊』11, 114-128.

謝冬(2016a),「面向中国日语学习者的教学语法研究方法探析――以复合格助词『にとって』为例」,『広島大学中国学プロジェク

ト研究センター機関誌』1，32-40.
謝冬(2016b)，「『に向かって』と『にむけて』の使い分け―BCCWJを資料としたコーパス分析」，『北研学刊』12，75-86.
謝冬(2017)，「中国国内日语语法教学中存在的问题及対策研究」，『北研学刊』13，212-215.
白川博之(2002)，「記述的研究と日本語教育―『語学的研究』の必要性と可能性(特集 記述的研究と理論的研究)」，『日本語文法』2(2)，62-80.
白川博之(2005)，「日本語学的文法から独立した日本語教育文法」，『コミュニケーションのための日本語教育文法』，くろしお出版.
杉本武(2005)，「『にとって』句の主語性について」，『日本語複合助詞の研究』，平成16年度筑波大学人文社会科学研究科プロジェクト研究「日本語複合助詞の体系化に向けた記述的研究」，151-158.
鈴木智美(2006)，「『~として』再考」，『東京外国語大学留学生日本語教育センター論集』32，1-17.
砂川有里子(1987)，「複合助詞について」，『日本語教育』(62)，42-55.
戴宝玉(1992)，「複合動詞トシテをめぐって」，『世界の日本語教育 日本語教育論集』2，215-224.
張麟声(2001)，『日本語教育のための誤用分析―中国語話者の母語干渉20例』，スリーエーネットワーク.
沈衛傑(2009)，「中国語話者の作文に出現した『に対して』の誤用分析」，『一橋大学留学生センター紀要』12，41-57.
塚本秀樹(1991)，「日本語における複合格助詞について」，『日本語学』10-3，78-95.
東京外国語大学留学生日本語教育センター グループKANAME 編

(2007),『複合助詞がこれでわかる』,ひつじ書房.
友松悦子・宮本淳・和栗雅子(2007),『日本語表現文型辞典』,アルク.
友松悦子・和栗雅子(2007),『中級日本語文法要点整理ポイント20』,スリーエーネットワーク.
中石ゆうこ(2013),「中間言語から見た日本語教育文法―『わかる』と『できる』の区別を通して―」『日本語学』32(7),30-39.
仁田義雄(1982),『日本語教育事典』,大修館書店.
日本語教育学会編(1982),『日本語教育辞典』,日本語教育学会.
野田尚史(2005),「コミュニケーションのための日本語教育文法の設計図」,野田尚史編『コミュニケーションのための日本語教育文法』,くろしお出版.
野田尚史(2010),「日本語教育と日本語研究の新しい関係を目指して」,トムソン木下千尋・牧野成一編『日本語教育と日本研究の連携:内容重視型外国語教育に向けて』,ココ出版,127-143.
野田尚史編(2012),『日本語教育のためのコミュニケーション研究』,くろしお出版.
野田尚史(2013),「『オーダーメイドの文法』をめざして」,『日本語学』32(7),62-71.
裴麗(2011),「介詞"対"と複合格助詞『に対して』―『客体』を表す用法を中心に―」,『国際協力研究誌』17(1),137-153.
裴麗(2012),『中国語の介詞と日本語の複合格助詞に関する対照言語学的研究―介詞"対","向","給"を中心に―』,広島大学大学院国際協力研究科博士論文.
藤城浩子(2005),「『にとって』文の機能と使用条件」,『東京大学留学生センター教育研究論集』14,35-55.
藤田保幸・山崎誠編(2005),『複合辞研究の現在』,和泉書院.

163

裴銀貞(2005),「判断主体を表す複合助詞『としては』について」,『日本語複合助詞の研究』,平成16年度筑波大学人文社会科学研究科プロジェクト研究「日本語複合助詞の体系化に向けた記述的研究」,121-134.

彭広陸(2011),「日本語文法教育及び日本語教育文法をめぐる諸問題」,『日中言語研究と日本語教育』第4号,1-12.

本田弘之・岩田一成・義永美央子・渡部倫子(2014),『日本語教育学の歩き方』,大阪大学出版会.

馬小兵(1997),「複合助詞『として』の諸用法」,『日本語と日本文学』24,23-31.

馬小兵(2002a),「中国語の介詞"作為"と日本語の複合格助詞『として』—『資格・立場』を表す"作為"と『として』を中心に—」,『日中言語対照研究論集』4,116-137.

馬小兵(2002b),「日本語の複合格助詞『について』と中国語の介詞〈关于〉—その対応関係を中心に—」,『日本語と日本語文学』34,10-26.

馬小兵(2003),「中国語の介詞"対"と日本語の複合助詞『に対して』」,『文教大学文学部紀要』1,1-44.

松木正恵(2005),「複合辞研究史(2) 初期の複合辞研究 水谷修・佐伯哲夫の複合辞研究」,『学術研究 国語・国文学編』53,33-46.

松木正恵(2006),「複合辞研究史(4)『後置詞』というとらえ方」,『学術研究 国語・国文学編』54,15-26.

松木正恵(2009),「複合辞研究史(7)『複合辞』の体系化をめざして—認定基準の設定と複合辞一覧—」,『学術研究 国語・国文学編』57,1-12.

松木正恵(2011),「複合辞研究史(9)—辞的表現研究の広がりと深化—」,『学術研究—国語・国文学編—』59,1-9.

三井正孝(2001),「ニトッテ格の共起条件」,『新潟大学国語国文学会誌』43,12-38.
宮田公治(2009),「『にとって』の意味と構文的制約」,『日本語教育』141,36-45.
森篤嗣(2011),「日本語教育文法のための研究手法」,森篤嗣・庵功雄編『日本語教育文法のための多様なアプローチ』,13-55,ひつじ書房.
森川結花(2006),「複合助辞『にとって』の注釈・含意機能と言語現象」,『大阪樟蔭女子大学日本語研究センター報告』14,1-16.
森田良行・松木正恵(1989),『日本語表現文型—用例中心・複合辞の意味と用法—』,アルク.
李在鎬・石川慎一郎・砂川有里子(2012),『日本語教育のためのコーパス調査入門』,くろしお出版.
劉笑明・吉田則夫(2004),「『に対して』『にとって』『について』『に関して』の意味分析—日中対照の立場から—」,『岡山大学教育学部研究集録』125,101-106.
横田淳子(2006),「『に対して』の意味と用法」,『東京外国語大学留学生日本語教育センター論集』32.19-31.
马小兵. 日语复合格助词和汉语介词的比较研究. 北京：北京大学出版社, 2002.
马小兵. 日语复合格助词与语法研究. 深圳：深圳报业集团出版社, 2011.
傅雨贤. 现代汉语介词研究. 中山：中山大学出版社, 1997.
刘志远. 框式介词"对(于)……来说"的话题焦点标记功能. 通化师院学报, 2012, 33：9-11.
吕叔湘. 现代汉语八百词. 北京：商务出版社, 1980.

付録1

「にとって」、「として(は)」、「について(は)」、「に対して」の文法ハンドブック

「にとって」、「として(は)」、「について(は)」、「に対して」は、使用頻度が高い複合格助詞である。これらの形式は、いずれも中国語の"対"か"対+アルファ"と対応しうる。また形式・意味上の類似性によって、中国語を母語とする日本語学習者にとっては混同しやすい形式である。この文法ハンドブックは「にとって」、「として(は)「について(は)」、「に対して」が使われる文型、意味用法、使用条件、対応する中国語訳という四つの面から、中国語を母語とする日本語学習者向けの文法解説を行ったものである。

1.「にとって」

「にとって」は「XにとってAはBだ」という文型に用い、「Xの立場から見れば、「AはBだ」という判断や評価を話し手が行う」という意味を表す。「にとって」文における判断を下すのは、Xではなく、話し手である。例えば、

(1)a. この問題は三年生にとって難しすぎる。

b. 人間にとって、食生活は大事なことだ。

(1a)、(1b)において、話し手は「三年生の立場から見れば、この問題は難しすぎる」、「人間の立場から見れば、食生活が大事なことだ」という判断を下す意味を表している。ただ、(2)のような話し手とXが重なる場合、判断を下すのはXとなる。

(2) この問題は私にとって難しすぎる。

「XにとってはAはBだ」文におけるXにはヒト名詞・組織名詞、Aには名詞性成分、Bには名詞・形容詞がくる。
Xの位置に抽象名詞・コト名詞、Bの位置に動詞述語を使うと、誤用につながるので要注意。

(3) a. ＊ほとんどの仕事にとって、英語を使う場所が多い。
　　b. ＊中国人にとって春節お祝いをするためにいろいろな準備をします。

(3a)はXに抽象名詞「仕事」、(3b)はBに動詞述語「準備をします」が使われているので、非文となる。
『現代日本語書き言葉均衡コーパス』(BCCWJ)によるXの位置にきやすい語を表1に示す。

表1. BCCWJによる「Xにとって」におけるXの位置にきやすい語

私(わたし)、人、者(もの)、たち、自分、彼、人間、さん、ら、企業、あなた、日本、子ども(子供)、人々、僕、彼女、家、国、女性、側、国民、会社、ぼく、自身、男、患者、家族、われわれ、社会、誰

付録1 「にとって」、「として(は)」、「について(は)」、「に対して」の文法ハンドブック

「にとって」の使用条件としては、次の二点がある。
　一つは、「AはBだ」という判断や評価を行う必要がある文に使うということである。

　(4)a. ＊私にとって、0.5は二分の一と同じだ。
　　　b. ＊中国人にとって、納豆が嫌いだ。

　(4a)の「0.5は二分の一と同じだ」は周知のことであり、「私」の立場から判断する必要はない。(4b)の「納豆が嫌いだ」はあくまでも個人的な感覚を述べており、判断の過程が想定しにくいため、「にとって」文として不適格となる。
　もう一つは、「XとAがある関わりを持っている関係にあると想定しうる文に使う」ということである。

　(5)a. ＊私にとって、カンボジアを今後もっとよい国にするためには今外国の援助はまだ必要だ。
　　　b. 　預金者にとって、金融機関は身近なものです。

　(5a)の「外国の援助」は「私」と直接関わりのある事柄であるとは想定しにくいため、「にとって」文と共起しにくい。一方、(5b)では「金融機関」と「預金者」とがある関わりを持っていると容易に想定できるため、「にとって」が用いられる。
　「にとって」の中国語訳に関しては、大体中国語の"対…来说"と対応する。しかし、両者は次の2点で異なる。
　一つは日本語の「にとって」は主体にならないのに対し、中国語の"対…来说"は主体を表しうることである。もう一つは日本語の「にとって」は判断文にしか使われないが、中国語の"対…来说"は判断文に限らず、他の文型にも使えることである。

(6) ＊彼にとって、どんなに難しくても最後まで頑張らなければならない。
対他来说，不管多难都必须坚持到最后。

(6)は主体がないことや判断文ではないため、「にとって」が使えないのに対し、それに対応する中国語の訳文では"対…来说"が使える。

2.「として(は)」

「としては」を「として」の用法の一部とみるか、「として」と異なる用法とみるか、日本語学において見方は一致していない。「として」と「としては」が使われる文型、意味用法、対応する中国語訳はほぼ一緒であるため、教育現場では両者を区別する必要がない。したがって、「としては」を「として」の用法の一部と見なすことにする。

「として」は「XとしてB」という文型に用いる。BCCJWによるXとBの位置にきやすいものを表2に示す。

表2. BCCJWによる「XとしてB」におけるXとBの位置にきやすいもの

X	ヒト名詞・組織名詞	人間、一人、一員、者、国、人、政府、代表、女、親
	その他の名詞①	もの、結果、一環、問題、一つ(ひとつ)、理由、こと、手段、場、前提、例、方法、一部、課題、原因、対象
	その他の名詞②	主、別、可能性、全体、当為、必然

169

续表

B	使う、利用する、有る、扱う、上げる、定める、使用する、する、活躍する、遭る、生きる、出る、成る、位置付ける、生まれる、残る、機能する、取り扱う、持つ

XとBの関係により、「Xとして(は)B」の意味用法は以下の三種類にわけられる。

(ⅰ) X ≠B、且つXは「その他の名詞②」(当時、主、可能性、イメージなど)以外の場合、「Xとして(は)B」は「Xという資格・身分・立場・名目でB(をする/Bである)」という意味を表す。例えば、

(7) a. 私は留学生として日本に来た。
   b. 山東省はリンゴの産地として有名だ。

(7a)は「私は留学生という身分で日本に来た」、(7b)は「山東省はリンゴの産地という名目で有名だ」という意味を表す。このタイプの「として(は)」文の共通の特徴としては、「X ≠B」という点にある。例えば、(7a)ではXの「留学生」≠Bの「来た」、(7b)ではXの「リンゴの産地」≠Bの「有名だ」。

(ⅱ) X ≠B、且つXは「その他の名詞②」(当時、主、可能性、イメージなど)の場合、「Xとして(は)B」全体で副詞としてBを修飾する。

(8) a. 保育所の設置は主として市町村によって行われている。

b. 自由恋愛は、当時としては不可能であった。

　(8a)は、「主として」全体で副詞としてBの「ありうる」を修飾している。(8b)は、「当時としては」全体でBの「不可能であった」を修飾している。このタイプの「として(は)」文も(ⅰ)と同じく、「X」≠「B」である。例えば、(8a)ではXの「主」≠Bの「市町村によって行われている」、(8b)ではXの「当時」≠Bの「不可能であった」。

(ⅲ) X＝B、且つXは「その他の名詞①」(方法、理由、例、要因、原因、特徴、結果など)の場合、「Xとして(は)B」は「XをBで説明する」という意味を表す。

(9) a. 自殺を考えやすい人の特徴として、ひきこもりがしばしば指摘される。
　　b. 日本の伝統文化としては、茶道や能楽や相撲などが挙げられる。

　(9a)は「自殺を考えやすい人の特徴を説明すると、ひきこもりがしばしば指摘される」、(9b)は「日本の伝統文化を説明すると、茶道や能楽や相撲などが挙げられる」という意味を表す。このタイプの「として(は)」文は「X」＝「B」という共通点がある。例えば、(9a)ではXの「自殺を考えやすい人の特徴」＝Bの「ひきこもり」、(9b)ではXの「日本の伝統文化」＝Bの「茶道や能楽や相撲など」。
　「として」の使用条件としては、「他でもない、Xという特定の状況において、Bが成立する」が挙げられる。例文を見てみよう。

(10) a. 東京は日本の首都として有名だ。
　　b. ＊東京は日本の首都として人口が多い。

(10a)は他でもなく、「日本の首都」という資格のもとで「東京は有名だ」という意味を表す。(10b)は「東京は人口が多い」ことは東京本来の属性であり、特に「日本の首都」という特定の状況に限らず成立しているため、「として」文として非適格である。

「としては」は「他でもない、Xという特定の状況において、Bが成立する」という点において「として」と同じであるが、違うのは、「としては」が用いられる文は主題と対比のニュアンスが強い点である。

(11) a. 私としては、この件に賛成できません。
 b. 彼は政治家としては魅力的だが、一人の人間としては失格だ。

(11a)における「としては」は「主題」、(11b)における「としては」は「対比」を表している。

「として(は)」の中国語訳に関しては、(ⅱ)タイプの「として(は)」文以外、ほぼ中国語の"作为"と対応している。(ⅱ)タイプの「として(は)」文は、中国語の"作为"と対応せず、「Xとして(は)」における「X」のみと対応している。例えば、(8b)の中国語訳は"自由恋爱在当时是不可能的"となる。

3.「について」と「については」

「については」を「について」と異なる用法とみるかどうか、日本語学においては一致していない。一方、主に日本語学の成果を取り入れて開発された日本語の総合教材では「について」しか導入されていない。後述するように、「については」と「について」の述部に

付録1 「にとって」、「として(は)」、「について(は)」、「に対して」の文法ハンドブック

くるものには大きな違いが見られるため、ここでは「については」を「について」と異なる用法とみる。

「について」は、「XについてB」という文型に用いる。「BがXを対象とし、そのXと関連することを述べる」という意味を表す。

(12) a.「食生活」について文章を書きなさい。
　　 b.「心理学」は人間の心について調べる学問である。

(12a)は「食生活と関連する文章を書きなさい」、(12b)は「心理学は人間の心と関連することを調べる学問である」という意味を表す。

「XについてB」におけるXにはコト・ヒト名詞、Bには言語系動詞がくる。BCCJWによるXとBの位置にきやすいものを表3に示す。

表3.「XについてB」におけるXとBの位置にきやすいもの

X	事、こと、問題、点、もの、物、関係、場合、事項、件、内容、有り方(あり方、在り方)、状況、方法、事件、者、部分、影響、理由、可能性、課題、一部、役割、整備、現状、対応、結果、考え方、取り扱い、目標、死、項目、変化、行為、事業、仕事、実施、行動、事柄、問題点、実態、締結、土地、対策、動向、意味、辺、地域
B	見る、考える、準用する、述べる、教える、言う、語る、検討する、説明する、書く、話す、調べる、知る、触れる、聞く、質問する、申し上げる、学ぶ、話し合う、定める

「XについてはB」は「後ろにくる文全体はXを主題とし、そのXと関連することを述べる」という意味を表す。そのXの位置には「について」と同じくコト・ヒト名詞がくる。表4はBCCWJによる「につい

173

ては」のXに位置にきやすい語を示したものである。

表4.「Xについては」におけるXの位置にきやすい語

事、点、物、問題、適用、部分、関係、内容、者、件、場合、事項、方法、整備、有り方、事件、理由、前者、事業、後者、法人、影響、地域、行為、土地、意味、取り扱い、施設、経費、職員、経緯、動向、評価、研究、情報、状況、部分、対応、期間、結果、範囲、登記、人、額、辺、手続き、実態、原因、費用、活動

「については」は「XについてはB」という文型に使われ、且つXの位置にコト・ヒト名詞がくる点は「について」と同じであるが、次の2点で「について」と異なっている。

一つは「XについてB」におけるXは「対象」を表すが、「XについてはB」におけるXは「主題」を表すことである。

(13) a. あの件について話し合った。
　　 b. この件については、第二項の規定は、適用しない。

(13a)の「あの件」は「話し合った」の「対象」を表しているが、(13b)の「この件」は「第二項の規定は、適用しない」の「主題」を表している。

もう一つは「XについてB」におけるBには表3で挙げているような「言語系動詞」がくるが、「XについてはB」におけるBは述部全体とかかり、そのBの位置にくる述語は形式を問わないことである。

(14) a. 次に環境問題について述べよう。
　　 b. 環境問題については、企業側と住民側の意見がかなり食

い違っている。

(14a)における「について」は言語系動詞「述べる」にかかるのに対し、(14b)における述語動詞の「食い違っている」は言語系動詞ではなく、かつ述部「企業側と住民側の意見がかなり食い違っている」全体で「については」の先行名詞「環境問題」を修飾している。

「について」と「については」の中国語訳に関しては、ほぼ中国語の"关于"と対応するが、"对于"とも対応しうる。ただ、その先行名詞を明確に示そうとするとき、中国語の"关于"は使えず、"对于"の使用を要求する。

4.「に対して」

「に対して」は「Xに対して(A)はB」という文型に用い、「述部B全体が向かう対象がXであることを明確に示す」という意味を表す。

(15) a. 犯人に対して更生のチャンスを与えるべきである。
　　　b. 障害のある人に対して、特別障害給付金制度があります。

(15a)はB「更生のチャンスを与えるべきである」の向かう対象がX「犯人」であること、(15b)はB「特別障害給付金制度があります」の向かう対象がX「障害のある人」であることを明確に示している。

「Xに対して(Aは)B」におけるXはヒト・コト名詞、Bは行為動詞、態度・感情を表す形容詞がきやすい。表5は、BCCJWによる「Xに対してB」におけるXとBの位置にきやすいものを示したものである。

付録1 「にとって」、「として(は)」、「について(は)」、「に対して」の文法ハンドブック

表5. BCCJWによる「Xに対してB」におけるXとBの位置にきやすいもの

X	物、ひと、もの、たち、方、相手、自分、私、国民、ら、これ、それ、等、国、企業、会社、日本、の、こと、質問、問題
B	行う、抱く、支払う、持つ、する、使う、成す、言う、取る、与える、有する、課する、交付する、実施する、課す、向ける、助成する、怒る、支給する、開く、答える、提供する、適用する、課税する、補助する、用いる、使用する、要求する、求める、戦う、遣る、交付する、質問する、できる、負う、支援する、生ずる、感ずる、有る、示す、出す、請求する、設定する、負担する、果たす

Bの位置には表5で挙げた動詞がきやすいが、「に対して」の直後にはこれらの動詞が述語として用いられにくいことに要注意。

(16) a. ＊私も、大部分の人々の意見のように、死刑制度の存置に対して賛成する。
　　 b. ＊研究計画に対して話し合った。(→について)
　　 c. ＊窓に対して座っている。(→に向かって)

(16)は、「に対して」が述語動詞の直前に使われている誤用例である。教育現場で述語動詞の直前に「に対して」が用いられにくいことを学習者に提示すれば、このような誤用例は避けられるはずである。

また、「に対して」の使用条件としては、(ⅰ)．「XとBの関係を明確に示す必要がある文に使う」、(ⅱ)．「XがただBの向かう方向やBと接触する文には使えない」という二点が挙げられる。

(ⅰ)については、「に対して」が述語動詞の直前には用いられにくいという点が指摘できる。これは述語動詞の直前の成分は一般的

に焦点であり、Bの向かう対象がXであることを明確に示す「に対して」を使う必要がないためである。

（ⅱ）については、「に対して」は対象を表すため、(17a)のようなXの「窓」がBの「座る」が向かう方向である文、(17b)のようなBの「キスをした」がXの「彼女のほほ」に接触する文には「に対して」が使えない。

(17) a. ＊窓に対して座っている。
　　 b. ＊お別れに、彼女のほほに対してキスをした。

日本語の「に対して」の中国語"対"とほぼ対応しているが、中国語の"対"は「に対して」の他に、「に」、「を」、「について」、「にとって」、「に向かって」などとも対応しうる。(18)のような述部に具体的動作を表す動詞や判断・評価を表す形式がくる場合は「に対して」が使えない。

(18) a. ＊彼に対して見た。（を）
　　 a' 対他看了一眼。
　　 b. ＊鏡に対して化粧している。（に向かって）
　　 b' 対着镜子化妆。
　　 c. ＊これは私に対してとても重要である。（にとって）
　　 c' 这对我（来说）很重要。

5. まとめ

「にとって」、「として(は)」、「について(は)」、「に対して」のまとめとしてこの四つの複合格助詞の使い分けを表6に示す。

付録1 「にとって」、「として(は)」、「について(は)」、「に対して」の文法ハンドブック

表6. 「にとって」、「として」、「について」、「に対して」の使い分け

	X	B	意味用法
にとって	ヒト名詞・組織名詞	名詞・形容詞	Xの立場からみると、「AはBだ」という判断や評価を話し手が行う
として	ヒト名詞・組織名詞	「打つ」のような具体的動作動詞以外の行為動詞	Xという身分・資格・名目でBをする/である
について	ヒト名詞・モノ名詞、コト名詞	言語系動詞	Xと関連することを述べる
に対して	ヒト名詞・モノ名詞、コト名詞	態度、感情を表す動詞・形容詞	述部B全体が向かう対象がXであることを明確に示す

付録 2

「にとって」、「として(は)」、「について(は)」、「に対して」的語法手冊

「にとって」、「として(は)」、「について(は)」、「に対して」是日语里常用的复合格助词，其意义用法及区分对于中国日语学习者来说一直是一个难点。为了突破这一难点，笔者特制作了此小手册，从各复合格助词所使用的句型、意义用法、使用条件以及对应的中文翻译四个方面来探讨面向中国日语学习者的有效指导方法，以供日语学习者以及活跃在教学第一线的日语教师参考。

相较于以往语法书对于这四个复合格助词的解说，本手册有以下四大特色：首先，充分考虑学习者的特点，用简明易懂的语言解说这四个复合格助词，从而极大地减轻了学习者理解上的负担。其次，笔者通过对拥有一亿语料的日语母语者书面语语料库 BCCWJ 里出现的各复合格助词例句的收集及整理，列举出了其前后接续形式中出现频率较高的词，教师可以根据需要从中选择适当的形式给学习者举例，从而有助于学习者习得该复合格助词最典型的使用环境，起到举一反三的效果。再次，本手册充分考虑到学习者可能产生的误用，对各复合格助词的使用条件进行了提示，从而有助于学习者正确理解和使用该形式。最后通过对各复合格助词对应成中文翻译时需要注意的地方进行提示，从而减少学习者由于母语干涉而产生的误用。

付録2 「にとって」、「として(は)」、「について(は)」、「に対して」的語法手冊

1.「にとって」

「にとって」用在「XにとってAはBだ」這一句型中，表示"从 X 的角度来看，可以得出「AはBだ」这样的判断或评价。"如：

(1) この問題は三年生にとって難しすぎる。

(1)表示"从三年级学生的角度来看，这个问题太难了"。需要注意的是该句中的"这个问题太难了"这一判断是由说话者所作出的，而不是由出现在「にとって」前 X 位置上的"三年级学生"所作出的。但当 X 就是说话者时，作出判断或评价的就可以看成是 X 了。

(2) この問題は私にとって難しすぎる。

(2)中 X 和说话者重合，因此作出判断的就是出现在「にとって」前 X 位置上的「私」。
「XにとってAはBだ」句中的 X，A，B 分别由人名词/团体名词，名词性成分，名词/形容词所充当。需要注意的有两点。一是「にとって」句一般以名词或形容词谓语结句，而很少以动词谓语结句。(3)为学习者的误用。

(3) *マレー人にとってハリラヤお祝いをするためにいろいろな準備をします。

还有一点是「にとって」前 X 的位置必须为人名词或团体名词，不能为抽象名词。如：

(4) a. ＊おもしろい風習にとって大切にすべきだと思います。
　　b. ＊ほとんどの仕事にとって、英語を使う場所が多い。

表1所示为拥有一亿语料的『現代日本語書き言葉均衡コーパス』(BCCWJ)里「にとって」句型中X位置上出现频率较高的词。

表1.「Xにとって」句中X位置上出现频率较高的词

私(わたし)、人、者(もの)、たち、自分、彼、人間、さん、ら、企業、あなた、日本、子ども(子供)、人々、僕、彼女、家、国、女性、側、国民、会社、ぼく、自身、男、患者、家族、われわれ、社会、誰

「にとって」的使用：一是由于「にとって」表示的是判断/评价，因此必须用在有必要对「AはBだ」做出判断或评价的句子里；二是「X」和「A」两者间必须存在某种关联。

(5) a. ＊私にとって、0.5は二分の一と同じだ。
　　b. ＊私にとって、カンボジアを今後もっとよい国にするためには今外国の援助はまだ必要だ。
　　c. 預金者にとって、金融機関は身近なものです。

(5a)之所以不成立，是由于"0.5和二分之一相同"是众所周知的事实，并没有必要站在「私」的立场上来进行判断。(5b)中分别相当于「X」和「A」的"私"和"外国の援助"两者之间看不出任何关联，因此也不能用在「にとって」句型中。而(5c)中的"預金者"和"金融機関"很容易让人联想起两者间存在关联，因此可以用在「にとって」句中。

「にとって」基本上可以对应成汉语的"对……来说"，但两者有如

下不同:一是日语里的「にとって」提示的是对象,不能提示主体,而汉语里的"对……来说"可以提示主体;二是「にとって」只能用在判断句中,而"对……来说"则没有这种限制。如:

(6)＊彼にとって,どんなに難しくても最後まで頑張らなければならない。
对他来说,不管多难都必须坚持到最后。

由于「にとって」不能表示主体,因此(6)因为缺少主体而导致句子不成立。此外,这两个句子也不是用在判断句中。而其对应的中文翻译"对…来说"没有这种限制。

2.「として(は)」

目前学术界对把「としては」看成是「として」+「は」的形式,还是整体看做一个独立的词尚存在分歧,笔者通过对 BCCWJ 里两者出现的例句进行比较分析,发现两者所使用的句型,前后接续形式以及用法都基本一致,从减轻学习者负担的角度考虑,姑且把「としては」看成是「として」+「は」的形式,对两者不加以区分。

「として」用在「(A)はXとしてB」这一句型中。其中 A 为名词性成分,可省略,X 为人名/团体名词/抽象名词,B 多为行为动词。表 2 为 BCCWJ 里 X 和 B 的位置上出现频率较高的词。

根据 X 和 B 的关系,可以把「として(は)」的意义用法分为如下三类。

(ⅰ)X≠B,且 X 不是「别、主、可能性、全体」这一类抽象名词时,表示"以 X 的资格,身份,立场和名义来施行 B 这一行为"。「として」表此种用法时可以对应为汉语的"作为"。

表2.「XとしてB」句中X和B的位置上出现频率较高的词

X	人名词/团体名词	人間、一人、一員、者、国、人、政府、代表、女、親
	一类抽象名词	もの、結果、一環、問題、一つ（ひとつ）、理由、こと、手段、場、前提、例、方法、一部、課題、原因、対象
	二类抽象名词	主、別、可能性、全体、当為、必然
B		使う、利用する、有る、扱う、上げる、定める、使用する、する、活躍する、遭る、生きる、出る、成る、位置付ける、生まれる、残る、機能する、取り扱う、持つ、取り上げる、作る、登場する、捕らえる、行う、用いる、働く、存在する、くる

（7）私は留学生として日本に来た。
　　我作为留学生来的日本。

（7）表示"我"以"留学生"的身份"来到日本"。此句中的X"留学生"≠B"来日本"。

（ⅱ）X≠B，且X为「当時、主、可能性、イメージ」为这一类抽象名词时，「Xとして」整体充当一个副词成分修饰后面的B。「として」表此种用法时不用翻译，直接把其前面的X翻译成对应的中文即可。

（8）a. 保育所の設置が主として市町村によって行われている。
　　　 设立保育院的工作主要由市町村等地方团体来开展。
　　 ＊设立保育院的工作作为主要由市町村等地方团体来开展。
　　 b. 自由恋愛は当時としては不可能であった。
　　　 自由恋爱在当时是不可能的。
　　 ＊自由恋爱作为当时是不可能的。

(8)中的「として」、「としては」与其前面的 X「主」、「当時」整体充当一个副词成分，修饰后面的谓语部分。

（ⅲ）X=B，且 X 为「方法、理由、例、要因、原因、特徵、結果」这一类名词时，表示"用 B 解释说明 X"。「として」表此种用法时大多对应成中文的"是"、"有"等，或不直译，此时如果翻译成"作为"仝有些许牵强之意。

(9)少子化の原因<u>としては</u>、未婚化、晩婚化などが指摘されている。
　　少子化的原因，可以举出单身主义，晚婚现象加剧等。
　？作为少子化的原因，可以举出单身主义，晚婚现象加剧等。

(9)中的 X「少子化の原因」=B「未婚化、晩婚化など」，B「未婚化、晩婚化など」可以看成是对 X「少子化の原因」的解释说明。
「として(は)」的使用条件为：用在"只有在 X 这一特定情形下，B 才成立"的句子中。如：

(10)a. 東京は日本の首都<u>として</u>有名だ。
　　 b. ＊東京は日本の首都<u>として</u>人口が多い。

(10b)之所以不成立，是由于"东京人口多"是其本身的属性，并不是因为在"它是日本的首都"这一特定情形下才具备这一特征的。
　此外，与「として」相比，「としては」有提示主题或表对比之义。

(11)a. 私<u>としては</u>この案に賛成できません。
　　 b. 彼は医者<u>としては</u>大成功だが、人間<u>としては</u>失格だ。

此种表主题(如(11a))，或表"对比"义(如(11b))的句子，一般用

「としては」来提示，而不用「として」。

3.「について」、「については」

现行的教材里一般都只导入了「について」的意义用法，而没有导入「についても」。由于「について」和「についても」后面接续的谓语部分存在很大差异，因此这里把两者区分开来论述。

「について」用在「Xについて、Bをする」这一句型中。表示"B所叙述的是和X相关的内容"。其中X多为人名词/物名词/事件名词，B为言说类动词。表3为BCCWJ里X和B的位置上出现频率较高的词。

表3.「XについてB」句中X和B的位置上出现频率较高的词

X	事、こと、問題、点、もの、物、関係、場合、事項、件、内容、有り方（あり方、在り方）、状況、方法、事件、者、部分、影響、理由、可能性、課題、一部、役割、整備、現状、対応、結果、考え方、取り扱い、目標、死、項目、変化、行為、事業、仕事、実施、行動、事柄、問題点、実態、締結、土地、対策、動向、意味、辺、地域
B	見る、考える、準用する、述べる、教える、言う、語る、検討する、説明する、書く、話す、調べる、知る、触れる、聞く、質問する、申し上げる、学ぶ、話し合う、定める

这里需要注意的是，「について」句中其后可能出现多个言说类动词，而此时「について」仅修饰出现在其后的第一个言说类动词。

(12) この悲劇について話し合っている二人の心理学者の対談を読みました。

付録2 「にとって」、「として(は)」、「について(は)」、「に対して」の語法手冊

（12）中「について」修饰的是其后出现的第一个言说类动词「話し合う」，而不是位于谓语位置上的「読む」。

「について」大致可对应成汉语的"关于"，少数情况也可翻译成"对"，此类可翻译成"对"的「について」容易误用为「に対して」，需要提醒学习者注意。

（13）a. この件について詳しく説明してください。
　　　b. ＊この件に対して詳しく説明してください。
　　　c. 请对这件事做个详细说明。
　　　d. 关于这件事，请做个详细说明。

（13）所示，「について」可以对应成汉语的"对"或"关于"。此种可以对应成汉语"对"的「について」不能用「に対して」来替换。

下面我们来看「については」的意义用法。

「については」所使用的句型，其前面所接的X，以及对应的中文翻译基本和「について」一致。表4为BCCWJ里「Xについては」句型中X位置上出现频率较高的词。

表4.「Xについては」句中X位置上出现频率较高的词

事、点、物、問題、適用、部分、関係、内容、者、件、場合、事項、方法、整備、有り方、事件、理由、前者、事業、後者、法人、影響、地域、行為、土地、意味、取り扱い、施設、経費、職員、経緯、動向、評価、研究、情報、状況、部分、対応、期間、結果、範囲、登記、人、額、辺、手続き、実態、原因、費用、活動

「については」和「について」的异同主要表现在以下两方面。

一是「について」表示对象，而「については」表示"以X为主题，

其后整个谓语部分所叙述的是和 X 有关的内容"。二是「について」只修饰其后出现的第一个言说类动词。而「については」表示的是主题,其关联的是其后的整个谓语部分,并不仅限于言说类动词。

(14) この件については、私は興味がありません。詳しいことも知りたくありません。

(14) 中「については」后接的谓语部分「私は興味がありません。詳しいことも知りたくありません」整体修饰 X「この件」。

4.「に対して」

用在「Xに対して、(Aは)B」这一句型中。表示"明确提示出 B 所指向的对象为 X"之义。其中 X 为人名词/团体名词/抽象名词,A 为名词性成分,B 多为态度·情感类动词/形容词。表 5 为 BCCWJ 里 X 和 B 的位置上出现频率较高的词。

表 5. BCCWJ 里「Xに対してB」句中 X 和 B 的位置上出现频率较高的词

X	物、ひと、もの、たち、方、相手、自分、私、国民、ら、これ、それ、等、国、企業、会社、日本、の、こと,質問、問題
B	行う、抱く、支払う、持つ、する、使う、成す、言う、取る、与える、有する、課する、交付する、実施する、課す、負担する、助成する、怒る、支給する、答える、開く、提供する、適用する、課税する、補助する、用いる、使用する、要求する、求める、戦う、遣る、交付する、質問する、できる、負う、支援する、生ずる、感ずる、有る、示す、出す、請求する、設定する、向ける、果たす

187

付録2 「にとって」、「として(は)」、「について(は)」、「に対して」的語法手冊

此外，通过对BCCWJ里「に対して」后接形式的统计分析得出：「に対して」后接「、」、「は」、「も」的句子占了「に対して」全部例句的45.5%，而「に対して」后直接接动词结句的句子极为鲜见。利用这一发现，可以有效减少学习者产出(15)这样的误用。

(15) a. ? 私も、大部分の人々の意見のように、死刑制度の存置に対して賛成する。
　　 b. *研究計画に対して話し合った。(→について)
　　 c. *窓に対して座っている。(→に向かって)

例(15)都可以对应成汉语的"对"，"对着"等，以往的研究大多把这样的误用归于中国日语学习者母语的干涉，但并没能提出避免这种误用的有效方法。利用语料库分析的这一发现，向学习者提示"「に対して」一般不用在谓语动词前"这一规律，将可以大大减少学习者的此类误用。

「に対して」的使用条件：

(ⅰ)用在有必要明确提示B所指向的对象为X的句子中。如上所述「に対して」很少直接用在谓语动词前面，而多用在距离谓语动词较远的位置上。这是由于一般位于谓语动词前的成分是句子所要强调的焦点成分，而「に対して」本身就有明确提示对象的功能，因此不需要通过构句条件来突出其表对象的作用。

(ⅱ)由于「Xに対してB」表示的是B所指向的对象，因此不能用在X只表示B的方向而非对象以及X和B两者相接触的句子中。

(16) a. *窓に対して座っている。
　　 b. *お別れに、彼女のほほに対してキスをした。

（16a）由于「窓」只是「座る」这一行为的方向，不能看成「座る」的对象，因此不能用「に対して」。（16b）句中的 X 和 B 两者相接触了，因此也不能用「に対して」。

「に対して」大致上可以对应成汉语的"对"。两者的不同之处在于汉语的"对"可以后接"看，打"类动作动词以及表判断的谓语成分，而日语里的「に対して」没有此类用法。

(17) a. ＊彼に対して見た。
　　 a' 对他看了一眼。
　　 b. ＊これは私に対してとても重要である。
　　 b' 这对我很重要。

（17a）「に対して」后接「見た」这一动作动词，（17b）「に対して」后接「重要である」这一表判断的谓语成分，在日语里都是不符合语法的句子。而汉语里的"对"可以用在此类句型中。

最后需要注意的是，「に対して」和「に」表示对象的用法时，一般来说能用「に対して」的地方都能用「に」来替换，而能用「に」的地方却不一定能用「に対して」。「に対して」与「に」在意义用法上的区别为：用「に対して」的句子可以更明确地提示出"B 所指向的对象为 X"这一含义，反映在构句条件上就是「に対して」一般用在距离谓语动词较远的位置、很少直接用在谓语动词前。

5. 小结

最后，在学习了这四个复合格助词后，为了让学习者对其有一个整体的把握，可以用表 6 对这四个复合格助词做一个小结。

付録2 「にとって」、「として(は)」、「について(は)」、「に対して」の語法手冊

表 6.「にとって」、「として」、「について」、「に対して」的异同

	X	B	意义用法
にとって	人名词/团体名词	名词/形容词	从 X 的角度来看，可以得出「AはBだ」这样的判断或评价
として	人名词/团体名词/抽象名词	"看，打"类除外的行为动词	以 X 的身份或资格实施 B 这一行为
について	人名词/物名词/事件名词	言说类动词	B 所叙述的是和 X 相关的内容
に対して	人名词/物名词/事件名词	态度・情感类动词/形容词	明确提示出 B 所指向的对象为 X

謝　　辞

　本書の執筆にあたって、多くの方々にお世話になりました。
　広島大学の佐藤暢治先生には、いつも気軽に相談に乗って頂き、精神的な面でも大きな支えになって頂きました。本の構想から完成に至るまで、また、表現の細部まで丁寧にご指導、ご助言を頂き、今日完成させることができたことを深く感謝申し上げます。
　広島大学の深見兼孝先生、高永茂先生、平川幸子先生から有益なご助言、アドバイスを頂き、感謝申し上げます。関西学院大学の于康先生からも有益なご助言を頂き、心より感謝致します。一橋大学の庵功雄先生、広島市立大学の岩田成一先生、帝塚山大学の森篤嗣先生、湖南大学の張佩霞先生には、論文に関する助言やコーパスの指導に至るまで様々な面でご指導を頂きました。深くお礼申し上げます。
　最後になりましたが、私のことを常に信じ、温かく応援してくれた母の刘送英、主人の卢欢、息子の卢谦にも心から感謝の意を表します。

谢　冬
2017 年 6 月